Jeden Tag ein bisschen ...

Deutsch
als Fremdsprache

Block mit 99 Sprachspielen,
Rätseln und mehr

Lisa Dörr

Cornelsen

Jeden Tag ein bisschen …
Deutsch als Fremdsprache
von Lisa Dörr

Redaktion: Rebecca Syme
Redaktionelle Mitarbeit: Julia Lauber, Franziska Pannhorst
Projektleitung: Sinéad Butler
Layout und technische Umsetzung: Stefan Müssigbrodt, Berlin
Umschlaggestaltung: Cornelsen Verlag Design / Klein & Halm Grafikdesign, Berlin
Umschlagfoto: JUNOPHOTO, Berlin
Fotos: Shutterstock, filmfoto, RF; Shutterstock, Seriousjoy, RF

Weitere Deutsch als Fremdsprache-Titel bei Lextra:
978-3-589-01559-7 Lextra Grund- und Aufbauwortschatz Deutsch als Fremdsprache
978-3-589-01560-3 Lextra Übungsbuch Grundwortschatz Deutsch als Fremdsprache
978-3-589-01636-5 Lexta Kompaktgrammatik Deutsch als Fremdsprache
978-3-589-01928-1 Lextra Verblexikon Deutsch als Fremdsprache

Außerdem gibt es zahlreiche spannende DaF-Lektüren von Lextra.

www.cornelsen.de
www.lextra.de

Die Internet-Adressen und -Dateien, die in diesem Lehrwerk angegeben sind, wurden vor Drucklegung geprüft. Der Verlag übernimmt keine Gewähr für die Aktualität und den Inhalt dieser Adressen und Dateien oder solcher, die mit ihnen verlinkt sind.

1. Auflage, 3. Druck 2014

Alle Drucke dieser Auflage sind inhaltlich unverändert
und können im Unterricht nebeneinander verwendet werden.

© 2012 Cornelsen Verlag, Berlin
© 2013 Cornelsen Schulverlage GmbH, Berlin

Das Werk und seine Teile sind urheberrechtlich geschützt. Jede Nutzung in anderen als den gesetzlich zugelassenen Fällen bedarf der vorherigen schriftlichen Einwilligung des Verlages. Hinweis zu den §§ 46, 52 a UrhG: Weder das Werk noch seine Teile dürfen ohne eine solche Einwilligung eingescannt und in ein Netzwerk eingestellt oder sonst öffentlich zugänglich gemacht werden. Dies gilt auch für Intranets von Schulen und sonstigen Bildungseinrichtungen.

Druck: H. Heenemann, Berlin

ISBN 978-3-589-02027-0

Inhalt gedruckt auf säurefreiem Papier aus nachhaltiger Forstwirtschaft.

Jeden Tag ein bisschen ...
DEUTSCH

Herzlich Willkommen!

Mit diesem Block haben Sie die Möglichkeit, 99 Tage lang nebenbei und spielerisch Ihre verschütteten Kenntnisse der deutschen Sprache wieder aufzufrischen oder kürzlich Gelerntes zu festigen.

Auf jeder der 99 Seiten gibt es Interessantes zu lesen oder Sprachspiele zu bearbeiten. Durch das bequeme Blockformat können Sie für den Urlaub oder den Weg zur Arbeit entweder alles mitnehmen oder einfach nur die gewünschte Anzahl von Blättern abreißen und einstecken.

Die 99 Tage bestehen analog zu einer Woche aus Einheiten mit je sieben Tagen. Vom ersten bis zum fünften Tag jeder Woche lösen Sie Kreuzworträtsel, bauen Ihren Wortschatz aus oder üben Strukturen. Blättern Sie um und nehmen Sie sich kurz Zeit Ihren Kenntnisstand zu prüfen. Was haben Sie schon richtig gemacht, was möchten Sie lieber noch mal wiederholen?

Am sechsten Tag resümieren Sie die vorangegangenen Tage mit einem kleinen Test – und am siebten Tag können Sie zur Erholung Interessantes und Nützliches über Land und Leute in Erfahrung bringen.

Lerntempo und -menge bestimmen Sie über den gesamten Zeitraum selbst – aber Vorsicht: Sprachspiele können süchtig machen! Wir wünschen Ihnen viel Spaß beim Deutschlernen mit *Jeden Tag ein bisschen ...*!

Autoren und Redaktion

Jeden Tag ein bisschen ...
DEUTSCH

TAG 01

A. Ordnen Sie zu.

1	Ich _d_	a	spielt mit ihrem Bruder Fußball.
2	Du _c_	b	brauchen ein Taxi – ist das richtig?
3	Klara _a_	c	besuchst mich hoffentlich bald!
4	Frau Müller, Sie _b_	d	schwimme gern.
5	Wir _g_	e	kommen aus der Türkei. Aber ich bin in Deutschland geboren.
6	Meine Eltern _e_	f	lernt schon lange Deutsch, oder? Ihr sprecht wirklich gut!
7	Hannah und Jakob, ihr _f_	g	gehen heute ins Theater, kommst du mit, Paul?

B. Ergänzen Sie die Personalpronomen.

1. • Seit wann kennst ___du___ deine Frau?
   • Seit 10 Jahren.

2. • Trinken ___Sie___ auch einen Kaffee?
   • Ja gern, ___Ich___ nehme eine Tasse.

3. • Wo ist Anna?
   • ___Sie___ arbeitet bis sechs Uhr.

4. • Schreibt ___ihr___ uns eine Postkarte aus dem Urlaub?
   • Ja klar, das machen ___wir___.

5. • Wohnt Jan auch in Stuttgart?
   • Nein, ___er___ lebt in Nürnberg.

→ Auflösung
Siehe nächste Seite

TAG 01

Auflösung:

A. **1** d – **2** c – **3** a – **4** b – **5** g – **6** e – **7** f
B. **1** du **2** Sie, ich **3** Sie **4** ihr, wir **5** er

Erfolgs-Check

Übung absolviert am:

fiel mir leicht / möchte ich wiederholen

Jeden Tag ein bisschen ...
DEUTSCH

TAG 02

A. Wie viel Uhr ist es?
Ordnen Sie die formellen und informellen Zeitangaben zu.

1	8.30 Uhr b	a	zwanzig nach neun
2	20.09 Uhr g	b	halb neun
3	20.45 Uhr d	c	fast Viertel nach acht
4	8.14 Uhr c	d	Viertel vor neun
5	9.15 Uhr f	e	kurz nach acht
6	8.03 Uhr e	f	Viertel nach neun
7	21.20 Uhr a	g	neun nach acht

B. Wie heißen die Tageszeiten?
Ergänzen Sie die Buchstaben und ordnen Sie zu.

1	6.00 Uhr e	a	M I T TAG
2	10.00 Uhr f	b	N A C HT
3	12.00 Uhr a	c	A B E N D
4	16.00 Uhr d	d	NAC H M IT A G
5	20.00 Uhr c	e	M O R G E N
6	01.00 Uhr b	f	V O R M I T TA G

→ Auflösung
Siehe nächste Seite

TAG 02

Auflösung:

A. 1 b – 2 g – 3 d – 4 c – 5 f – 6 e – 7 a

B. 1 e – Morgen
   2 f – Vormittag
   3 a – Mittag
   4 d – Nachmittag
   5 c – Abend
   6 b – Nacht

Erfolgs-Check

Übung absolviert am:

fiel mir leicht

möchte ich wiederholen

Jeden Tag ein bisschen ... DEUTSCH

TAG 03

A. Wählen Sie die richtige Verbform.

1. Das *ist*/heißt Anna.
2. Sie *ist*/hat 25 Jahre alt und *wohnt*/kommt aus Berlin, aber jetzt macht/*wohnt* sie in Hamburg.
3. Ihre Schwester Lara *studiert*/wohnt Architektur.
4. Die Eltern von Anna und Lara *sind*/studieren beide Ärzte und *arbeiten*/wohnen sehr viel.
5. Sie *haben*/sind wenig Zeit, aber im Sommer kommen/*machen* alle zusammen eine Reise.

belong

B. Welche Sätze gehören zusammen? Ordnen Sie zu. Wählen Sie das passende Verb und ergänzen Sie die richtige Verbform.

kommen – heißen – wohnen – sein – haben – arbeiten

1	Wie _heißt_ du?	a	Ich _bin_ 59 Jahre alt.
2	Woher _kommst_ du?	b	Ich _arbeite_ als Lehrer.
3	Wie alt _bist_ du?	c	Ich _komme_ aus Frankreich.
4	Wo _wohnst_ du?	d	Ich _wohne_ in Marseille.
5	Wie viele Kinder _hast_ du?	e	Ich _heiße_ Alex.
6	Was _arbeitest_ du?	f	Ich _habe_ zwei Kinder.

→ *Auflösung Siehe nächste Seite*

TAG 03

Auflösung:

A. **1** ist **2** ist, kommt, wohnt **3** studiert
   4 sind, arbeiten **5** haben, machen

B. **1** heißt – e heiße
   2 kommst – c komme
   3 bist – a bin
   4 wohnst – d wohne
   5 hast – f habe
   6 arbeitest – b arbeite

Erfolgs-Check

Übung absolviert am:

	fiel mir leicht	möchte ich wiederholen
....	☐	☐
....	☐	☐
....	☐	☐

Jeden Tag ein bisschen ...
DEUTSCH

TAG 04

Ergänzen Sie die feminine/maskuline Form. Lösen Sie danach das Kreuzworträtsel.

1. die Mutter — der _Vater_
2. die _Tochter_ — der Sohn
3. die Großmutter — der _Großvater_
4. die Enkelin — der _Enkel_
5. die _Schwester_ — der Bruder
6. die _Cousine_ — der Cousin
7. die Tante — der _Onkel_
8. die _Nichte_ — der Neffe
9. die _Schwiegermutter_ — der Schwiegervater
10. die Schwägerin — der _Schwäger_

Waagerecht:
- 2 Die Tochter von meinem Sohn ist meine _Enkelin_.
- 4 Der Bruder von meiner Mutter ist mein _Onkel_.
- 5 Die Schwester von meinem Mann ist meine _Schwägerin_.
- 6 Der Vater von meiner Frau ist mein _Schwiegervater_.

Senkrecht:
- 1 Der Sohn von meiner Tante ist mein _Cousin_.
- 3 Die Tochter von meinem Bruder ist meine _Nichte_.

→ Auflösung Siehe nächste Seite

TAG 04

Auflösung:

1 Vater 2 Tochter 3 Großvater 4 Enkel
5 Schwester 6 Cousine 7 Onkel 8 Nichte
9 Schwiegermutter 10 Schwager

Waagerecht:
2 Enkelin 4 Onkel 5 Schwägerin
6 Schwiegervater

Senkrecht:
1 Cousin 3 Nichte

Erfolgs-Check

Übung absolviert am:

	fiel mir leicht ↓	möchte ich wiederholen ↓
_____	☐	☐
_____	☐	☐
_____	☐	☐

Jeden Tag ein bisschen ...
DEUTSCH
TAG 05

A. Setzen Sie das richtige Fragewort ein.

wie – wer – was – wohin – wo – wann – woher – warum

1 Ich komme aus Österreich. Und __woher__ kommst du?
2 __Wie__ heißen Sie?
3 __Wann__ habt ihr Zeit?
4 __Warum__ gehen wir nicht heute Abend ins Kino?
5 __Wer__ kommt aus Indien?
6 __Wo__ ist meine Tasche? Hast du sie gesehen?
7 __Was__ macht ihr morgen?
8 __Wohin__ fahren Marie und Ellen am Wochenende? Nach Hamburg?

B. Welche Antworten passen zu den Fragen aus A?

a Catalina Acevedo. 2
b Ich! 5
c Vielleicht gehen wir schwimmen. 7
d Aus Spanien. 1
e Nein, ich weiß nicht, wo sie ist. 6
f Am Mittwoch würde es passen. 3
g Nein, sie fahren nach Kiel. 8
h Weil ich keine Lust habe. 4

→ *Auflösung Siehe nächste Seite*

TAG 05

Auflösung:

A.+B. 1 woher – d
2 Wie – a
3 Wann – f
4 Warum – h
5 Wer – b
6 Wo – e
7 Was – c
8 Wohin – g

Erfolgs-Check

Übung absolviert am:

fiel mir leicht	möchte ich wiederholen
☐	☐
☐	☐
☐	☐

Jeden Tag ein bisschen ...
DEUTSCH
TAG 06

1 Setzen Sie die richtige Verbform ein.
Peter ___wohnt___ seit letztem Jahr in Berlin.

- a wohne
- b wohnen
- **c** wohnt

2 Welche Uhrzeit passt zum Wort *Nachmittag*?

- a Viertel nach acht
- **b** drei Uhr
- c 12.15 Uhr

3 Eine Antwort ist nicht korrekt. Welche ist es?
Wie alt bist du?

- a Ich bin 22.
- **b** Ich habe 22.
- c 22 Jahre.

4 Welches Wort passt?
Die Mutter von meinem Mann ist meine _____.

- a Schwägerin
- **b** Schwiegermutter
- c Schwager

belangs

5 Welche Frage gehört zur folgenden Antwort?
Ich fahre nach Hamburg.

- a Wo fährst du?
- b Wann fährst du?
- **c** Wohin fährst du?

→ Auflösung
Siehe nächste Seite

TAG 06

Auflösung:

1 c – 2 b – 3 b – 4 b – 5 c

Erfolgs-Check

Übung absolviert am:	fiel mir leicht	möchte ich wiederholen
_____	☐	☐
_____	☐	☐
_____	☐	☐

Jeden Tag ein bisschen ...
DEUTSCH

TAG 07

Begrüßung und Abschied

„Guten Tag!" sagt man in Deutschland von morgens bis nachmittags zur Begrüßung. Man sagt es zu Menschen, die man nicht kennt oder auch zu Bekannten. Bis 12 Uhr mittags kann man auch *„Guten Morgen"* benutzen, etwa zwischen 17.30 Uhr und 24 Uhr *„Guten Abend"*. Heutzutage sagen viele Menschen, vor allem die jüngeren, auch einfach *„Hallo"* oder *„Hi"*. Das ist nicht so formell.

Mit *„Auf Wiedersehen"* verabschiedet man sich, in informellen Kontexten auch mit *„Tschüss"*, *„Tschö"* oder *„Ciao"*. Wer schlafen geht, sagt *„Gute Nacht!"*. Viele Menschen sagen auch *„Einen schönen Tag/Abend noch!"*, wenn sie einen Ort verlassen. Die Antwort darauf ist: *„Danke, gleichfalls/ebenso/ebenfalls"* oder auch *„Danke, Ihnen/dir auch"*.

Natürlich gibt es regionale Unterschiede[1]. So sagt man in Süddeutschland nicht *„Guten Tag!"*, sondern zum Beispiel *„Grüß Gott!"*, und nicht *„Auf Wiedersehen"*, sondern *„Auf Wiederschauen"* oder *„Ade"*. *„Servus"* benutzt man in einigen Regionen Süddeutschlands wie „Hallo" oder auch wie „Tschüss". In Norddeutschland dagegen begrüßt man sich zum Beispiel mit *„Moin"* oder *„Tach"*.

Traditionell gibt man sich zur Begrüßung und zum Abschied die Hand. Trifft man hingegen Bekannte, Freunde oder die Familie, umarmt man sich oder küsst sich auf die Wangen[2].

1 Unterschied = Differenz
2 Wange = Backe; Teil des Gesichts

Jeden Tag ein bisschen ...
DEUTSCH

TAG 08

A. Wie heißen die Monate?

1 NUJARA — Januar
2 FUREBAR — Februar
3 RZÄM — März
4 RIPLA — April
5 IMA — Mai
6 UNJI — Juni
7 ILUJ — Juli
8 STAUGU — August
9 RSPETEMBE — September
10 OTBROKE — Oktober
11 ERNOMEVB — November
12 RBEZDEME — Dezember

B. Wie heißen die Jahreszeiten?

1 FRÜHLING
2 SOMMER
3 HERBST
4 WINTER

→ *Auflösung Siehe nächste Seite*

TAG 08

Auflösung:

A. 1 Januar 2 Februar 3 März 4 April
   5 Mai 6 Juni 7 Juli 8 August 9 September
   10 Oktober 11 November 12 Dezember
B. 1 Frühling 2 Sommer 3 Herbst 4 Winter

Erfolgs-Check

Übung absolviert am:

fiel mir leicht ↓   möchte ich wiederholen ↓

☐ ☐
☐ ☐
☐ ☐

Jeden Tag ein bisschen ...
DEUTSCH
TAG 09

Wählen Sie das passende Verb und ergänzen Sie die richtige Verbform.

lesen – schlafen – nehmen – essen – geben – fahren – sprechen

1. Mona _schläft_ am Wochenende immer bis mittags.
2. Du _liest_ ja schon wieder ein Buch! Wir wollten doch ins Kino gehen.
3. _Fahrt_ ihr mit dem Bus oder mit dem Auto?
4. Wir _essen_ heute Abend Würstchen mit Kartoffelsalat. Kommst du auch?
5. Er _nimmt_ immer mein Fahrrad, ohne mich zu fragen.
6. _Gibst_ du mir bitte mal das Telefon?
7. Bist du Vegetarierin? Oder _isst_ du nur heute kein Fleisch?
8. Unsere Lehrerin _fährt_ morgen nach München.
9. Ich _lese_ am liebsten Krimis.
10. Meine Kinder sind anstrengend, aber sie _geben_ mir auch viel Energie zurück.
11. Ich _nehme_ eine Tomatensuppe und ein Mineralwasser.
12. Was? Ihr _schlaft_ noch nicht? Jetzt aber schnell ins Bett!
13. _Sprichst_ du Chinesisch?
14. Ich _esse_ sehr gern Schokolade.
15. _Lest_ ihr viele Bücher in der Schule?

→ Auflösung
Siehe nächste Seite

TAG 09

Auflösung:

1 schläft 2 liest 3 Fahrt 4 essen 5 nimmt
6 Gibst 7 isst 8 fährt 9 lese 10 geben
11 nehme 12 schlaft 13 Sprichst
14 esse 15 Lest

Erfolgs-Check

Übung absolviert am:

fiel mir leicht | möchte ich wiederholen

Jeden Tag ein bisschen ...
DEUTSCH

TAG 10

A. Was passt in welches Zimmer? Ordnen Sie die Wörter.

das Bett – das Sofa – der Herd – das Waschbecken – der Kühlschrank –
der Kleiderschrank – der Nachttisch – die Badewanne – die Spüle –
der Sessel – der Couchtisch – die Dusche

die Küche	das Wohnzimmer	das Badezimmer	das Schlafzimmer
der Herd der Kühlschrank die Spüle	das Sofa der Sessel der Couchtisch	die Dusche die Badewanne das Waschbecken	das Bett der Kleiderschrank der Nachttisch

B. Welches Wort passt nicht?

1 <u>der Herd</u> – die Wand – die Decke – der Boden
2 der Teppich – die Gardine – das Bild – <u>der Kühlschrank</u>
3 das Bett – der Nachttisch – der Kleiderschrank – <u>der Couchtisch</u>
4 das Wohnzimmer – das Schlafzimmer – <u>der Fernseher</u> – das Badezimmer

→ Auflösung
Siehe nächste Seite

TAG 10

Auflösung:

A. **die Küche:** der Herd, der Kühlschrank, die Spüle
das Wohnzimmer: das Sofa, der Sessel, der Couchtisch
das Badezimmer: das Waschbecken, die Badewanne, die Dusche
das Schlafzimmer: das Bett, der Kleiderschrank, der Nachttisch

B. 1 der Herd
2 der Kühlschrank
3 der Couchtisch
4 der Fernseher

Erfolgs-Check

Übung absolviert am:

	fiel mir leicht ↓	möchte ich wiederholen ↓
....	☐	☐
....	☐	☐
....	☐	☐

Jeden Tag ein bisschen ... DEUTSCH

TAG 11

A. Kennen – wissen – können? Ergänzen Sie die richtige Verbform.

kennt – kennst – kann – weißt – kann

1 Meine Schwester spielt sehr gut Klavier. Ich ___kann___ leider kein Instrument spielen.

2 Ich war schon dreimal in Madrid. Und du, ___kennst___ du Madrid auch?

3 ___Weißt___ du, ob Talita heute kommt?

4 Barbara ___kennt___ meine Freunde noch nicht, aber ich will sie ihr heute vorstellen.

5 Maxime ___kann___ schon sehr gut Deutsch.

B. Modalverben: Welches Verb passt?

1 Im Bus *darf*/muss man nicht rauchen. Das ist nicht erlaubt.

2 Luigi hat angerufen. Du musst/*sollst* ihn zurückrufen.

3 Heute Abend *soll*/kann ich nicht. Ich kann/*muss* für die Prüfung lernen.

4 Meine Eltern *wollen*/dürfen nicht, dass ich einen Hund habe. Ich *soll*/darf warten, bis ich 15 bin.

→ Auflösung
Siehe nächste Seite

TAG 11

Auflösung:

A. **1** kann **2** kennst **3** Weißt **4** kennt **5** kann
B. **1** darf **2** sollst **3** kann, muss
 4 wollen, soll

Erfolgs-Check

Übung absolviert am:

	fiel mir leicht	möchte ich wiederholen
....	☐	☐
....	☐	☐
....	☐	☐

Jeden Tag ein bisschen ...
DEUTSCH

TAG 12

A. Wie heißen die Kleidungsstücke? Ergänzen Sie die Wörter.

1 _____ 2 _____ 3 _____

3 _____ 5 _____ 6 _____

B. Welchen Artikel haben die Wörter? Schreiben Sie die Wörter in die Tabelle.

Hose – Schuh – Hemd – Schal – Gürtel – Kleid – T-Shirt – Halstuch – Rock – Jackett – Anzug – Bluse – Stiefel – Jacke – Krawatte – Mütze – Socke – Hut – Pullover – Strumpfhose

der	das	die

→ *Auflösung Siehe nächste Seite*

TAG 12

Auflösung:

A. 1 Gürtel 2 Kleid 3 Hose
   4 Rock 5 Hemd 6 Socken

B. **der:** Schuh – Rock – Anzug – Hut –
   Schal – Gürtel – Stiefel – Pullover
   das: Hemd – Kleid – T-Shirt –
   Halstuch – Jackett
   die: Hose – Bluse – Jacke – Krawatte –
   Mütze – Socke – Strumpfhose

Erfolgs-Check

Übung absolviert am:

	fiel mir leicht	möchte ich wiederholen
....	☐	☐
....	☐	☐
....	☐	☐

Jeden Tag ein bisschen ...
DEUTSCH

TAG 13

1 Welche Kombination ist nicht richtig?

    a Herbst – Oktober
    <u>b</u> Frühling – Februar
    c Sommer – August

2 Setzen Sie die korrekte Verbform ein.
Du _____ ja schon wieder in meinem Tagebuch!

    <u>a</u> liest
    b lest
    c lese

3 Nur eine Reihe ist korrekt. Wissen Sie, welche?

    <u>a</u> das Schlafzimmer – das Bett – der Nachttisch
    b das Wohnzimmer – der Herd – der Esstisch
    c das Badezimmer – die Badewanne – die Spüle

4 Wählen Sie die richtige Antwort aus.
Daniel _____ schon sehr gut Deutsch.

    a kennt
    b weiß
    <u>c</u> kann

5 Welcher Artikel gehört zum Wort *Kleid*?

    <u>a</u> das
    b die
    c der

→ *Auflösung*
Siehe nächste Seite

TAG 13

Auflösung:

1 b – 2 a – 3 a – 4 c – 5 a

Erfolgs-Check

Übung absolviert am:

fiel mir leicht | möchte ich wiederholen

Jeden Tag ein bisschen ...
DEUTSCH

TAG 14

Du oder Sie?

Wie viele andere Sprachen hat Deutsch zwei Formen für die Anrede[1] in einem Dialog: *du/ihr* und *Sie*. In einer nicht formellen Situation sagt man zu einer Person „du", zu zwei oder mehreren „ihr". Wenn man einen Dialog in einem formellen Kontext führt, sagt man „Sie" (egal, ob man mit einer oder mit mehreren Personen spricht).

Die Regeln sind in der Theorie einfach:

- *du/ihr* für Kinder, Freunde, Verwandte[2] und Bekannte[3]
- *Sie* für Personen, die man nicht oder nicht gut kennt (außer Kinder), zum Beispiel Nachbarn oder Kollegen, vor allem, wenn sie älter sind als man selbst.

Im Alltag kann es allerdings komplizierter sein. Junge Leute *„duzen"* sich automatisch und die Regeln am Arbeitsplatz sind in jedem Büro anders. Am besten hört man dem Gesprächspartner zu, welche Form er benutzt, und benutzt sie dann auch. Wenn man sich nicht sicher ist, ist es nie falsch zu *„siezen"*.

Wenn jemand mit Ihnen *„per Du"* sein möchte, dann wird er Ihnen die informelle Variante vorschlagen. Mit der Frage *„Wollen wir uns duzen?"* wird die Anrede mit „du" und dem Vornamen angeboten.

Keine Sorge, wenn Sie jemanden versehentlich[4] duzen oder siezen. Ein Lächeln und eine kurze Entschuldigung reichen. Für deutsche Muttersprachler ist es auch nicht immer einfach die richtige „Form" zu finden.

1 wie man eine Person adressiert
2 Familienmitglied
3 jemand, den man kennt
4 nicht mit Absicht; irrtümlich, fälschlich

Jeden Tag ein bisschen ...
DEUTSCH

TAG 15

A. Finden Sie das Gegenteil.

1	schön a	a	hässlich
2	interessant g	b	klein
3	richtig d	c	dick
4	groß b	d	falsch
5	schlank c	e	einfach
6	jung f	f	alt
7	gut h	g	langweilig
8	schwierig e	h	schlecht

B. Welches Adjektiv aus Übung A passt? Ergänzen Sie die Sätze.

1 Der Film war so __langweilig__! Ich bin fast eingeschlafen.

2 Findest du die Hausaufgabe auch so _____?

   Also, ich kann das nicht ...

3 Als ich _____ war, bin ich oft ausgegangen. Seit ich eine Familie

   habe, bleibe ich meistens zu Hause.

4 Ich spiele gut Basketball, aber ich bin nur 1,75 m _____.

   Das ist für einen Profi viel zu _____.

5 Früher war Klaus richtig _____, aber jetzt macht er viel Sport

   und wiegt nur noch 79 Kilo.

→ *Auflösung*
Siehe nächste Seite

TAG 15

Auflösung:

A. 1 a – 2 g – 3 d – 4 b – 5 c – 6 f – 7 h – 8 e
B. 1 langweilig 2 schwierig 3 jung
   4 groß, klein 5 dick

Erfolgs-Check

	fiel mir leicht	möchte ich wiederholen
Übung absolviert am:	↓	↓
....	☐	☐
....	☐	☐
....	☐	☐

Jeden Tag ein bisschen ...
DEUTSCH

TAG 16

Wie heißen die Körperteile?

der Bauch – der Mund – der Arm – der Kopf – der Hals – der Finger – der Zeh – die Hand – die Nase – das Auge – das Ohr – die Brust – das Haar – der Fuß – das Bein – das Knie

→ *Auflösung*
Siehe nächste Seite

TAG 16

Auflösung:

1 der Kopf 2 der Hals 3 das Haar 4 der Mund
5 das Auge 6 die Nase 7 das Ohr 8 die Brust
9 der Arm 10 die Hand 11 der Finger
12 der Bauch 13 das Bein 14 das Knie
15 der Fuß 16 der Zeh

Erfolgs-Check

Übung absolviert am:

	fiel mir leicht	möchte ich wiederholen
....	☐	☐
....	☐	☐
....	☐	☐

Jeden Tag ein bisschen ... DEUTSCH — TAG 17

A. Was sagt der Arzt/die Ärztin, was sagt der Patient/die Patientin? Notieren Sie (A) oder (P).

1. Was fehlt Ihnen denn?   A
2. Gute Besserung. _____
3. Ich habe Kopfschmerzen. _____
4. Können Sie mich krankschreiben? _____
5. Wie oft muss ich das einnehmen? _____
6. Wann soll ich denn kommen? _____
7. Ich verschreibe Ihnen ein Medikament. _____
8. Wo tut es denn weh? _____
9. Vielen Dank und auf Wiedersehen. _____
10. Kommen Sie dann bitte noch mal zur Kontrolle. _____
11. Ja gut, ich schreibe Sie drei Tage krank. _____

B. Krankheiten und Beschwerden: Vervollständigen Sie die Sätze mit dem passenden Wort.

Allergie – Arzt – Pflaster – Tablette

1. Mir tut schon wieder so der Kopf weh. Ich glaube, ich nehme mal eine _____.
2. Aua! Ich habe mich geschnitten. Schnell, ich brauche ein _____!
3. • Hast du dich erkältet?
   • Nein, ich habe eine _____ gegen Katzenhaare.
4. Nina kommt heute nicht, sie muss zum _____.

→ Auflösung Siehe nächste Seite

TAG 17

Auflösung:

A. 1 A – 2 A – 3 P – 4 P – 5 P – 6 P –
  7 A – 8 A – 9 P – 10 A – 11 A
B. 1 Tablette 2 Pflaster 3 Allergie 4 Arzt

Erfolgs-Check

Übung absolviert am:

	fiel mir leicht	möchte ich wiederholen
....	☐	☐
....	☐	☐
....	☐	☐

Jeden Tag ein bisschen ...
DEUTSCH
TAG 18

Wie bilden die folgenden Wörter den Plural?
Schreiben Sie die Pluralformen in die Tabelle.

der Bruder – das Sofa – die Maus – das Kind – der Teller – der Mann – die Tasche – der Tisch – die Stadt – das Bild – die Frau – der Hund – das Haus – der Apfel – das Auto – die Mutter – das Messer – der Schlüssel – die Uhr – der Stift – die Hand – das Ei – das Buch – die Wolke – die Straße – das Handy – das Bett

-	-e	-er	-en	-s

¨-	¨-e	¨-er	-n	

→ *Auflösung Siehe nächste Seite*

TAG 18

Auflösung:

-: Teller, Messer, Schlüssel
-e: Tische, Stifte, Hunde
-er: Bilder, Kinder, Eier
-en: Betten, Frauen, Uhren
-s: Autos, Sofas, Handys
¨ -: Mütter, Brüder, Äpfel
¨ -e: Hände, Mäuse, Städte
¨ -er: Männer, Häuser, Bücher
-n: Taschen, Straßen, Wolken

Erfolgs-Check

Übung absolviert am:

fiel mir leicht | möchte ich wiederholen

Jeden Tag ein bisschen ...
Deutsch
TAG 19

A. Aus dem Leben der Stars: Welcher Possessivartikel passt?

1 Johnny, _____ neues Auto ist ja ganz schön, aber mein Porsche war viel teurer.
2 Paris Hilton liebt es, _____ Hunde in der Handtasche zu tragen.
3 Was? Ihr fahrt mit dem Auto in den Urlaub? Wie langweilig, also wir nehmen _____ Luxusyacht.
4 Das Topmodel hat _____ Designer-Tasche mal wieder vergessen.
5 Brad und Angelina kaufen heute drei Elefanten und fünf Giraffen für _____ Kinder. Sie bekommen dann _____ eigenes Zimmer in der Villa.
6 Entschuldigen Sie bitte! Wo haben sie denn _____ schöne goldene Uhr gekauft? Und gibt es die auch mit Brillanten?
7 Der berühmte Fußballer findet _____ Tätowierungen praktisch. Sie helfen ihm, sich an _____ Frau zu erinnern.
8 Könnt ihr mir _____ Kreditkarte kurz leihen? Ich habe leider nur 1000 Euro dabei.

B. Wie heißen die Possessivartikel im Nominativ? Ergänzen Sie die Tabelle.

	Mask.	Neutr.	Fem.	Plural
ich	mein	mein	meine	meine
du				
sie				
er/es		sein		
wir				
ihr	euer			
sie/Sie				ihre/Ihre

→ Auflösung Siehe nächste Seite

TAG 19

Auflösung:

A. **1** dein **2** ihre **3** unsere **4** seine **5** ihre, ihr
   6 Ihre **7** seine, seine **8** eure

B. **Mask.:** mein, dein, ihr, sein, unser, euer, ihr/Ihr
   Neutr.: mein, dein, ihr, sein, unser, euer, ihr/Ihr
   Fem.: meine, deine, ihre, seine, unsere, eure, ihre/Ihre
   Plural: meine, deine, ihre, seine, unsere, eure, ihre/Ihre

Erfolgs-Check

	fiel mir leicht	möchte ich wiederholen
Übung absolviert am:		
--------------------	☐	☐
--------------------	☐	☐
--------------------	☐	☐

Jeden Tag ein bisschen ...
DEUTSCH

TAG 20

1 Nur eins der drei Adjektive passt hier. Wählen Sie das richtige aus.
Ich bin 1,68 m _____ .

- **a** groß
- **b** klein
- **c** hoch

2 Eine Reihe ist nicht korrekt. Welche?

- **a** der Kopf – der Mund – das Auge
- **b** das Bein – der Fuß – das Ohr
- **c** der Arm – die Hand – der Finger

3 Wie kann der Satz nicht enden?
Ich habe schon wieder Kopfschmerzen. Ich glaube, ich _____ .

- **a** gehe mal zum Arzt
- **b** kann mich mal krankschreiben
- **c** nehme mal eine Tablette

4 Schreiben Sie die Wörter im Plural auf.

- **a** der Tisch, der Hund   _____
- **b** die Hand, die Stadt   _____
- **c** das Buch, das Haus   _____

5 Ergänzen Sie den richtigen Possessivartikel.
Lady Gaga hat _____ Kreditkarte vergessen.

- **a** sein
- **b** seine
- **c** ihre

→ Auflösung
Siehe nächste Seite

TAG 20

Auflösung:

1 a – 2 b – 3 b
4 a die Tische, die Hunde b die Hände, die Städte c die Bücher, die Häuser
5 c

Erfolgs-Check

Übung absolviert am:

	fiel mir leicht	möchte ich wiederholen
....	☐	☐
....	☐	☐
....	☐	☐

Jeden Tag ein bisschen ...
Deutsch

TAG 21

Geografie

Wie Sie vielleicht schon in ihrem einen oder anderen Urlaub gemerkt haben, reisen die Deutschen gerne in die weite Welt. Aber *„warum in die Ferne schweifen, wenn das Gute liegt so nah?"*[1] Das denken sich viele Deutsche und genießen im Urlaub, was das eigene Land zu bieten hat – und das ist eine Menge!

Mit kilometerlangen Sandstränden sind *Nordsee* und *Ostsee* ein beliebtes Reiseziel für Urlauber, die sich am Meer erholen wollen. *Strandkörbe*[2] und *Leuchttürme*[3] findet man in den Küstenregionen in großer Zahl und gelegentlich auch einen *FKK-Strand*[4].

Im Süden Deutschlands sieht die Landschaft ganz anders aus: Berge und Wälder bieten zahlreiche Möglichkeiten für einen aktiven Urlaub. Die *Alpen*, mit Deutschlands höchstem Berg, der *Zugspitze* (2962 m), sind perfekt zum Skifahren, Snowboarden oder Wandern geeignet.

Für diejenigen, die es lieber ruhiger haben wollen, bieten sich die vielen Seen und Flüsse an. Bei einer Bootstour über Deutschlands längste Flüsse *Donau* und *Rhein* kann man einen entspannten Sommertag verbringen. Der *Bodensee* und die Seen der *Mecklenburgischen Seenplatte* sind das ideale Urlaubsziel für Angler und Wassersportler.

1 nach Goethe; hier: warum eine weite Reise an einen anderen Ort machen, wenn es doch zuhause genauso schön ist
2 Strandkorb = Sitzgelegenheit zum Schutz gegen Wind und Sonne
3 Leuchtturm = Turm mit hellem Licht, der an der Küste steht
4 Strand, an dem alle nackt baden (FKK = Freikörperkultur)

Jeden Tag ein bisschen ...
DEUTSCH

TAG 22

Wie heißen diese Feste und Feiertage? Ergänzen Sie die Buchstaben.

Waagerecht:
- **2** Zwei Menschen heiraten.
- **5** Ein christliches Fest. Es gibt einen Baum und Geschenke.
- **8** Der Tag, an dem man geboren ist. Oft gibt es einen Kuchen mit Kerzen.

Senkrecht:
- **1** Man lädt Freunde ein und zeigt ihnen seine neue Wohnung.
- **3** Das wichtigste Fest der Christen. Man bemalt Eier und versteckt sie im Garten für die Kinder.
- **4** In manchen Regionen von Deutschland verkleiden sich die Menschen, veranstalten Kostümpartys und Umzüge auf den Straßen.
- **6** Ein Mensch (meistens ein Baby) wird in die christliche Religion aufgenommen.
- **7** Man verabschiedet das alte Jahr und begrüßt das neue.

→ *Auflösung Siehe nächste Seite*

TAG 22

Auflösung:

Waagerecht:
2 Hochzeit 5 Weihnachten 8 Geburtstag
Senkrecht:
1 Einweihungsparty 3 Ostern 4 Karneval
6 Taufe 7 Silvester

Erfolgs-Check

Übung absolviert am:

fiel mir leicht

möchte ich wiederholen

Jeden Tag ein bisschen ...
DEUTSCH

TAG 23

Ein ganz normaler Tag von Susanne Biedermann:
Ergänzen Sie die Verbformen der trennbaren Präfixverben.

> aufwachen – umsteigen – anziehen – ausschalten – einkaufen –
> abholen – fernsehen – ankommen – aufstehen – einschalten –
> aufräumen – einladen – einschlafen – anrufen

Um 7.30 Uhr: Der Wecker klingelt und Susanne _____ _____.

Sie _____ den Wecker nochmal _____ und schläft 10 Minuten

weiter. Dann _____ sie _____ und geht in die Küche.

Susanne _____ die Kaffeemaschine _____ und geht duschen.

Schnell trinkt sie eine Tasse Kaffee und _____ sich _____. Sie ist

spät dran, deshalb muss sie schnell zur Bushaltestelle rennen. Der Bus fährt bis zum

Wittenbergplatz, dort _____ sie in die U-Bahn _____.

Pünktlich um 9 _____ Susanne im Büro _____.

In der Mittagspause _____ ihre Kollegin Maria sie _____ und sie

gehen zusammen in die Kantine. Susanne isst einen Salat und Maria Schnitzel mit

Pommes. Um 18 Uhr hat Susanne Feierabend.

Auf dem Weg nach Hause _____ sie noch ein paar Sachen _____.

Als sie zu Hause ist, _____ sie ihren Freund Jens _____ und

_____ ihn für morgen zum Abendessen _____. Dann _____

sie die Wohnung _____ und _____ noch ein bisschen _____.

Aber schon nach 20 Minuten _____ sie auf dem Sofa _____,

weil sie so müde ist. Also geht Susanne ins Bett.

➡ *Auflösung*
Siehe nächste Seite

TAG 23

Auflösung:

wacht auf – schaltet aus – steht auf –
schaltet ein – zieht an – steigt um –
kommt an – holt ab – kauft ein – ruft an –
lädt ein – räumt auf – sieht fern – schläft ein

Erfolgs-Check

Übung absolviert am:

	fiel mir leicht	möchte ich wiederholen
....	☐	☐
....	☐	☐
....	☐	☐

Jeden Tag ein bisschen ... DEUTSCH

TAG 24

Wie heißen die Berufe? Schreiben Sie die Lösung in die Tabelle. Ergänzen Sie die feminine/maskuline Form.

1. Er unterrichtet in einer Schule, erklärt, korrigiert, organisiert: REHREL
2. Sie untersucht Kriminalfälle und verhaftet Kriminelle: IOPLZSTINI
3. Er schneidet und färbt Haare in einem Salon: RFREUSI
4. Sie arbeitet im Krankenhaus oder in einer Praxis. Sie untersucht Menschen und verschreibt ihnen Medikamente: ZTIÄRN
5. Er arbeitet auf einem Bauernhof und produziert z. B. Gemüse oder Fleisch: WRTINLAD
6. Sie berät Menschen bei juristischen Problemen oder vertritt sie bei Gerichtsprozessen: ERTSCHNAWLÄTNI
7. Er schreibt Bücher: CHSTFRILLESTRE
8. Sie plant Gebäude, berechnet die Statik und kontrolliert den Bau: NIGNEIEUNIR

	Er	Sie
1		
2		
3		
4		
5		
6		
7		
8		

→ *Auflösung Siehe nächste Seite*

TAG 24

Auflösung:

1 der Lehrer / die Lehrerin
2 der Polizist / die Polizistin
3 der Friseur / die Friseurin
4 der Arzt / die Ärztin
5 der Landwirt / die Landwirtin
6 der Rechtsanwalt / die Rechtsanwältin
7 der Schriftsteller / die Schriftstellerin
8 der Ingenieur / die Ingenieurin

Erfolgs-Check

	fiel mir leicht	möchte ich wiederholen
Übung absolviert am:	↓	↓
....	☐	☐
....	☐	☐
....	☐	☐

Jeden Tag ein bisschen ...
DEUTSCH

TAG 25

A. Welchen Artikel haben die Lebensmittel und zu welcher Kategorie gehören sie? Schreiben Sie die Wörter in die Tabelle.

Brötchen – Mehl – Joghurt – Brot – Butter – Tomate – Käse – Quark – Möhre – Apfel – Pizza – Schwein – Salami – Milch – Lachs – Spinat – Kartoffel – Radieschen – Hähnchen – Brezel – Keks – Torte – Rind – Sauerkraut – Kuchen – Hering – Frikadelle – Salat – Wurst – Sahne – Quark – Schinken

	die	das	der
Obst/Gemüse			
Milchprodukte			
Fleisch/Fisch			
Backwaren/ Getreideprodukte			

B. Wie heißen die Verpackungen/Mengen? Jeweils ein Wort passt nicht. Markieren Sie es.

1 **Milch:** der Liter – die Tüte – die Flasche – die Schachtel
2 **Äpfel:** das Pfund – die Tüte – das Kilo – die Flasche
3 **Mehl:** die Tüte – das Kilo – die Dose – das Paket
4 **Chips:** der Beutel – das Kilo – die Tüte – die Packung
5 **Schinken:** das Gramm – die Packung – das Pfund – das Glas
6 **Bier:** die Flasche – die Tüte – die Dose – die Kiste

→ *Auflösung Siehe nächste Seite*

TAG 25

Auflösung:

A. Obst/Gemüse:
die Tomate, Möhre, Kartoffel;
das Radieschen, Sauerkraut;
der Apfel, Spinat, Salat

Milchprodukte:
die Milch, Butter, Sahne;
der Käse, Quark, Joghurt

Fleisch/Fisch:
die Frikadelle, Wurst, Salami;
das Schwein, Rind, Hähnchen;
der Hering, Lachs, Schinken

Backwaren/Getreideprodukte:
die Pizza, Torte, Brezel;
das Brot, Mehl, Brötchen;
der Kuchen, Keks

B. 1 Schachtel **2** Flasche **3** Dose
4 Kilo **5** Glas **6** Tüte

Erfolgs-Check

Übung absolviert am:

	fiel mir leicht	möchte ich wiederholen
....	☐	☐
....	☐	☐
....	☐	☐

Jeden Tag ein bisschen ...
DEUTSCH

TAG 26

A. Das Wetter: Welche Ausdrücke passen zu den Bildern? Ordnen Sie zu.

Es ist kalt. – Es schneit. – Es ist bewölkt. – Es ist windig. – Es ist heiß. – Es ist sonnig. – Es ist neblig. – Es regnet.

1 _____   2 _____   3 _____

4 _____   5 _____   6 _____

7 _____   8 _____

B. Wie heißen die passenden Substantive zu den Ausdrücken aus A?

1 der ERENG _____   2 der NECSHE _____

3 die ONNSE _____   4 der NIWD _____

5 der NBELE _____   6 die WLKEO _____

7 die HTZEI _____   8 die KLÄET _____

→ *Auflösung Siehe nächste Seite*

TAG 26

Auflösung:

A. 1 Es regnet. 2 Es schneit. 3 Es ist sonnig.
4 Es ist windig. 5 Es ist neblig. 6 Es ist bewölkt. 7 Es ist heiß. 8 Es ist kalt.

B. 1 Regen 2 Schnee 3 Sonne 4 Wind
5 Nebel 6 Wolke 7 Hitze 8 Kälte

Erfolgs-Check

Übung absolviert am:

	fiel mir leicht ↓	möchte ich wiederholen ↓
_____	☐	☐
_____	☐	☐
_____	☐	☐

Jeden Tag ein bisschen ...
DEUTSCH

TAG 27

1 Welches dieser drei Feste ist nicht religiös?

    a die Taufe

    b die Einweihungsparty

    c Ostern

2 Welches Präfix fehlt hier? Ergänzen Sie den Satz.
Susanne wacht um 6.30 Uhr _____.

    a aus

    b ein

    c auf

3 Wie heißt der Beruf, in dem man unterrichtet?

    a Schriftsteller/in

    b Lehrer/in

    c Journalist/in

4 Wählen Sie die richtige Antwort.
Ich kaufe _____ Bier.

    a eine Tüte

    b eine Schachtel

    c eine Dose

5 Welchen Ausdruck gibt es nicht?

    a es nebelt

    b es regnet

    c es schneit

→ *Auflösung*
Siehe nächste Seite

TAG 27

Auflösung:

1 b – 2 c – 3 b – 4 c – 5 a

Erfolgs-Check

	fiel mir leicht	möchte ich wiederholen
Übung absolviert am:	↓	↓
....	☐	☐
....	☐	☐
....	☐	☐

Jeden Tag ein bisschen ...
Deutsch

TAG 28

Essen und Trinken

Denkt man an deutsches Essen, fallen einem oft *Sauerkraut*, *Knödel* oder *Kartoffelsalat* ein – und eine scheinbar unendliche Vielfalt an Wurstsorten. Da diese Speisen eher deftig[1] sind, essen die Deutschen inzwischen auch vieles aus der mediterranen oder asiatischen Küche.

Um unterschiedliche Gerichte auszuprobieren, kocht oder grillt[2] man oft zusammen mit Freunden und tauscht Rezepte aus aller Welt aus. Relativ neu, aber sehr populär, ist auch der *Döner Kebab*, ein mit Fleisch und Salat gefülltes Stück Fladenbrot[3], das türkische Migranten nach Deutschland gebracht haben.

Ein Lebensmittel, das es bei den meisten Deutschen fast täglich gibt, ist *Brot*. Von *Weißbrot* über *Vollkornbrot* bis hin zu *Schwarzbrot*, gibt es die unterschiedlichsten Variationen. Wohl deshalb nennt man hier die dritte *Mahlzeit*, neben Frühstück und Mittagessen, das *Abendbrot*. Traditionell ist das Essen am Abend kalt: Es gibt Brot, Wurst und Käse, dazu vielleicht etwas Salat. Mittlerweile essen aber viele Deutsche auch abends etwas Warmes.

Typisch Deutsch ist sicher auch das *Kaffeetrinken*. An Geburtstagen, Familienfesten oder einem ganz normalen Sonntagnachmittag trifft man sich mit Freunden oder Verwandten zu *Kaffee und Kuchen* – am liebsten selbst gebacken mit Obst aus dem eigenen Garten!

1 kräftig, nahrhaft
2 grillen = auf dem Grill braten
3 türkisches Weißbrot

Jeden Tag ein bisschen ... DEUTSCH

TAG 29

Unregelmäßige Verben: Welches Partizip Perfekt passt zu welchem Infinitiv? Ordnen Sie zu. Ergänzen Sie unten mit Infinitiv oder Partizip Perfekt.

1	trinken	a	verschlafen
2	umziehen	b	getrunken
3	bleiben	c	gefahren
4	mitnehmen	d	geschlafen
5	anrufen	e	gekommen
6	schlafen	f	gegangen
7	lesen	g	angerufen
8	gehen	h	gelesen
9	sitzen	i	mitgenommen
10	kommen	j	umgezogen
11	fahren	k	geblieben
12	verschlafen	l	gesessen

1 Wie war euer Abend? – Ach, nicht spektakulär, Florian hat vor dem Fernseher _____ und ich bin früh ins Bett _____.

2 Sarah ist letztes Jahr _____. Jetzt wohnt sie in Leipzig.

3 Warum bist du heute morgen zu spät _____? Hast du schon wieder _____?

4 Fahrt ihr mit dem Auto zurück? Könnt ihr mich vielleicht _____?

5 Ich habe Frederik jetzt schon mindestens zehnmal _____, aber es war immer nur die Mailbox dran.

→ Auflösung Siehe nächste Seite

TAG 29

Auflösung:

1 b – 2 j – 3 k – 4 i – 5 g – 6 d –
7 h – 8 f – 9 l – 10 e – 11 c – 12 a

1 gesessen, gegangen
2 umgezogen
3 gekommen, verschlafen
4 mitnehmen
5 angerufen

Erfolgs-Check

Übung absolviert am:

fiel mir leicht ↓   möchte ich wiederholen ↓

....   ☐   ☐

....   ☐   ☐

....   ☐   ☐

Jeden Tag ein bisschen ...
DEUTSCH

TAG 30

Ordnen Sie die Satzteile.

1 Sie – wohnen – Barcelona – in – ? _____

2 ich – in – Ja, – Barcelona – wohne – . _____

3 deine – heißen – Wie – Kinder – ? _____

4 heißen – Kinder – Jakob – Meine – und Hannah – .
   _____

5 stehst – normalerweise – Wann – auf – du – ?
   _____

6 Meistens – um – ich – halb sieben – auf – stehe – .
   _____

7 wir – eine – Sonntag – Fahrradtour – am – machen – Wollen – ?
   _____

8 nicht, – Das – ich – geht – meine Tante – muss – abholen – vom Flughafen –.
   _____

9 Warum – du – letzte Woche – nicht – gekommen – zu Lisas Party – bist – ?
   _____

10 konnte – nicht – Ich – , – kommen – weil – erkältet – ich – war – .
   _____

11 Sie – Haben – im – schon mal – Ausland gelebt – ?
   _____

12 habe – Ja, vor 6 Jahren – ich – studiert – ein Semester – in Rom – .
   _____

→ *Auflösung
Siehe nächste Seite*

TAG 30

Auflösung:

1 Wohnen Sie in Barcelona?
2 Ja, ich wohne in Barcelona.
3 Wie heißen deine Kinder?
4 Meine Kinder heißen Jakob und Hannah.
5 Wann stehst du normalerweise auf?
6 Meistens stehe ich um halb sieben auf.
7 Wollen wir am Sonntag eine Fahrradtour machen?
8 Das geht nicht, ich muss meine Tante vom Flughafen abholen.
9 Warum bist du letzte Woche nicht zu Lisas Party gekommen?
10 Ich konnte nicht kommen, weil ich erkältet war.
11 Haben Sie schon mal im Ausland gelebt?
12 Ja, vor 6 Jahren habe ich ein Semester in Rom studiert.

Erfolgs-Check

Übung absolviert am:

	fiel mir leicht	möchte ich wiederholen
....	☐	☐
....	☐	☐
....	☐	☐

Jeden Tag ein bisschen ...
Deutsch

TAG 31

Was sieht man in der Stadt? Finden Sie die 24 Wörter.

```
W K I R C H E X O K H I
I P A R K A L M P I P O
E V R H H U N D E N L T
S A Q S Ö S E E R O A H
E A U T O D M A R K T E
B V E R K E H R C J Z A
U P B A H N H O F B Ä T
F L U S S K I N D A F E
Y I S S W M U S E U M R
A M P E L A S N L M E K
T A X I E L B R Ü C K E
```

Waagerecht: 1 _____ 2 _____
3 _____ 4 _____
5 _____ 6 _____
7 _____ 8 _____
9 _____ 10 _____
11 _____ 12 _____
13 _____ 14 _____

Senkrecht: 1 _____ 2 _____
3 _____ 4 _____
5 _____ 6 _____
7 _____ 8 _____
9 _____ 10 _____

→ *Auflösung Siehe nächste Seite*

TAG 31

Auflösung:

Waagerecht:

1 Kirche 2 Park 3 Hund 4 See 5 Auto
6 Markt 7 Verkehr 8 Bahnhof 9 Fluss 10 Kind
11 Museum 12 Ampel 13 Taxi 14 Brücke

Senkrecht:

1 Wiese 2 Bus 3 Strasse 4 Haus 5 Denkmal
6 Oper 7 Kino 8 Baum 9 Platz 10 Theater

Erfolgs-Check

Übung absolviert am:

	fiel mir leicht	möchte ich wiederholen
....	☐	☐
....	☐	☐
....	☐	☐

Jeden Tag ein bisschen ... DEUTSCH
TAG 32

A. Ergänzen Sie die passenden Konnektoren.

aber – als – dass – denn – ob – obwohl – oder – sondern – und – weil – wenn

1. Ich wohne nicht in Deutschland, _____ in der Schweiz.
2. Können Sie mir sagen, _____ im Deutschkurs noch Plätze frei sind?
3. Christian trägt seine Brille nie, _____ er ohne sie fast nichts sieht.
4. Ich finde, _____ man in der Stadt keine großen Hunde halten sollte.
5. Wir können einen anderen Termin ausmachen, _____ Sie am 25. keine Zeit haben.
6. Okay, ich komme mit in die Disco, _____ ich bleibe nicht lange.
7. Wir lernen Deutsch, _____ wir in Österreich arbeiten wollen.
8. Fährst du in den Urlaub _____ bleibst du zu Hause?
9. Unsere Eltern haben sich getrennt, _____ wir noch klein waren.
10. Sie heißt Ulrike _____ ist meine Tante.
11. Ihr solltet besser anfangen zu lernen, _____ die Prüfung ist schon nächste Woche.

B. Welche Konnektoren stehen im Hauptsatz, welche im Nebensatz? Schreiben Sie die Konnektoren aus A. in die Tabelle.

Hauptsatz (Verb auf Position zwei)	Nebensatz (Verb am Ende)

→ Auflösung Siehe nächste Seite

TAG 32

Auflösung:

A. 1 sondern 2 ob 3 obwohl 4 dass
   5 wenn 6 aber 7 weil 8 oder 9 als
   10 und 11 denn

B. **Hauptsatz:** und, aber, sondern, oder, denn
   Nebensatz: dass, weil, wenn, obwohl, als, ob

Erfolgs-Check

	fiel mir leicht	möchte ich wiederholen
Übung absolviert am:	↓	↓
....	☐	☐
....	☐	☐
....	☐	☐

Jeden Tag ein bisschen ...
DEUTSCH
TAG 33

Im Büro: Wie heißen die Gegenstände?

1 der S __ __ __ __ I __ T __ __ __ H

2 die __ A __ T A __ U __

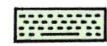

3 der __ __ C H __ __

4 die B __ R __ K __ __ M __ __ R

5 der __ __ X __ M __ R __ E __

6 der __ __ D N __ __

7 das __ I N __ __ L

8 die S __ __ E __ E

9 der K __ L __ __ __ E R

10 der __ __ __ I E __ K __ __ B

11 die S C H __ __ L __ __ __

12 der __ A __ __ E R

→ Auflösung
Siehe nächste Seite

TAG 33

Auflösung:

1 der Schreibtisch 2 die Tastatur
3 der Locher 4 die Büroklammer
5 der Textmarker 6 der Ordner
7 das Lineal 8 die Schere 9 der Kalender
10 der Papierkorb 11 die Schublade
12 der Tacker

Erfolgs-Check

Übung absolviert am:

fiel mir leicht ↓

möchte ich wiederholen ↓

- _____ ☐ ☐
- _____ ☐ ☐
- _____ ☐ ☐

Jeden Tag ein bisschen ...
DEUTSCH

TAG 34

1 Ergänzen Sie das richtige Partizip Perfekt.
Lutz hat auf dem Sofa _____ .

- **a** gesetzt
- **b** gesetzen
- **c** gesessen

2 Welcher Satz ist nicht richtig?

- **a** Du bist gestern nicht auf Caros Party gewesen.
- **b** Warum du gestern nicht auf Caros Party gewesen bist?
- **c** Bist du gestern nicht auf Caros Party gewesen?

3 Welches Wort fehlt hier?
In einer Großstadt gibt es auf den Straßen meistens viel _____ .

- **a** Besuch
- **b** Versuch
- **c** Verkehr

4 Ein Satz ist falsch. Wissen Sie, welcher?
Wir müssen jetzt gehen, denn _____ .

- **a** der Bus gleich kommt
- **b** gleich kommt der Bus
- **c** der Bus kommt gleich

5 Was benutzt man im Büro?

- **a** die Ampel
- **b** das Lineal
- **c** die Wiese

→ Auflösung
Siehe nächste Seite

TAG 34

Auflösung:
1 c – 2 b – 3 c – 4 a – 5 b

Erfolgs-Check

Übung absolviert am:

fiel mir leicht | möchte ich wiederholen

Jeden Tag ein bisschen ...
DEUTSCH

TAG 35

Politisches System in Deutschland

Deutschland ist eine föderale *Republik*, das heißt, dass jedes Bundesland Kontrolle über bestimmte politische Bereiche, wie zum Beispiel Bildung und Kultur, hat. Außenpolitik, Steuerrecht[1] und andere nationale Angelegenheiten[2] werden von der Bundesregierung entschieden, die im deutschen Parlament, dem *Bundestag*, ihren Sitz hat.

Die Mitglieder des Parlaments werden alle vier Jahre nach dem *Verhältniswahlrecht*[3] direkt vom Volk gewählt. Deshalb sind unterschiedliche Parteien im Parlament vertreten und manchmal schließen sich zwei oder mehr Parteien zu einer *Regierungskoalition* zusammen. Die beiden größten Parteien sind die Christlich Demokratische Union (CDU) und die Sozialdemokratische Partei Deutschlands (SPD). Immer wieder entstehen auch sehr kuriose Parteien, deren Programm sich oft in ihren Parteinamen widerspiegelt[4]. So gab es mal eine Party-Partei oder eine Partei für Nicht-, Erst- und Protestwähler[5] ...

Der *Bundeskanzler* / Die *Bundeskanzlerin* ist formal gesehen nicht der Staatschef, aber meist wohl besser bekannt als der *Bundespräsident*, der eigentlich diese Position innehat[6]. Ein berühmter Bundeskanzler ist beispielsweise Helmut Kohl, der 16 Jahre im Amt war und eine wichtige Rolle bei der deutschen Wiedervereinigung spielte. Angela Merkel, die 2005 gewählt wurde, ist sowohl die erste weibliche Kanzlerin, als auch die erste Regierungschefin aus der ehemaligen DDR.

1 Regelung der finanziellen Abgaben an den Staat
2 Aufgaben, Themen
3 Wahlsystem, jeder Wähler hat eine Stimme für eine Person und eine für eine Partei
4 ausdrückt
5 wählen = jemandem seine Stimme geben, der einen repräsentieren soll
6 amtieren, eine bestimmte Position haben

Jeden Tag ein bisschen ... DEUTSCH

TAG 36

A. Welche Sätze passen zusammen? Ordnen Sie zu.

1	Würden Sie uns bitte die Speisekarte bringen?	a	Ich nehme eine kleine Apfelschorle und den Sauerbraten mit Rotkohl und Klößen.
2	Können wir bestellen?	b	Das geht zusammen.
3	Haben Sie schon gewählt?	c	Nein, wir brauchen noch einen Moment.
4	Was darf ich Ihnen bringen?	d	Natürlich, ich bringe sie Ihnen sofort.
5	Haben Sie noch einen Wunsch?	e	Ja, Moment, ich bin sofort bei Ihnen.
6	Zusammen oder getrennt?	f	Nein, wir möchten dann zahlen, bitte.

B. Im Restaurant: Welches Wort passt nicht?

1 das Besteck:
   der Löffel – der Teller – das Messer – die Gabel

2 die Speisekarte:
   der Nachtisch – die Vorspeise – das Hauptgericht – das Lebensmittel

3 auf dem Tisch:
   die Tischdecke – die Serviette – die Kerze – das Kissen

4 die Gastronomie:
   der Keller – der Koch – die Kellnerin – die Bedienung

5 das Geschirr:
   das Glas – die Schüssel – der Eimer – der Teller

6 die Beilage:
   die Pommes frites – der Reis – die Roulade – die Kartoffeln

→ Auflösung
Siehe nächste Seite

TAG 36

Auflösung:

A. 1 d – 2 e – 3 c – 4 a – 5 f – 6 b
B. 1 der Teller 2 das Lebensmittel
   3 das Kissen 4 der Keller 5 der Eimer
   6 die Roulade

Erfolgs-Check

Übung absolviert am: fiel mir leicht | möchte ich wiederholen

Jeden Tag ein bisschen ...
DEUTSCH

TAG 37

A. Deutschland hat neun Nachbarländer. Finden Sie sie im Buchstabensalat.

```
F E B D H I T S C H E C H I E N
A P O Ä L E S L K M G R F A Q B
F R A N K R E I C H H P N C O S
S S R E P E S X M N U O C S J T
O C H M G N I E D E R L A N D E
W H R A E R V G K T L E Ö I W R
M W L R I B E L G I E N T L E R
E E R K W M W A S L H E R U Z E
Ö I L E Z J Ö S T E R R E I C H
D Z Ä L U X E M B U R G N I E C
```

B. Tragen Sie die Namen der Länder in die Tabelle ein und ergänzen Sie die Nationalitäten.

Land	Nationalität (Mask.)	Nationalität (Fem.)

→ *Auflösung Siehe nächste Seite*

TAG 37

Auflösung:

A.+B.

Belgien – Belgier – Belgierin
Dänemark – Däne – Dänin
Frankreich – Franzose – Französin
Luxemburg – Luxemburger – Luxemburgerin
Niederlande – Niederländer – Niederländerin
Österreich – Österreicher – Österreicherin
Polen – Pole – Polin
Schweiz – Schweizer – Schweizerin
Tschechien – Tscheche – Tschechin

Erfolgs-Check

Übung absolviert am:

fiel mir leicht

möchte ich wiederholen

Jeden Tag ein bisschen ...
DEUTSCH
TAG 38

**A. Verben mit Präpositionen: Welche Präposition passt zu welchem Verb?
Tragen Sie die Verben in die Tabelle ein.**

sich beschweren – träumen – sich interessieren – sprechen (3×) –
sich freuen (2×) – sich ärgern – denken – warten

auf	an	für

über	mit	von

**B. Welche Verben und welche Präpositionen passen?
Ergänzen Sie den Lückentext.**

1. Morgen hat Céline Geburtstag. Ich _____ mich schon _____ die Party.

2. Guckst du heute mit uns das Spiel? – Nein, ich glaube nicht. Ich _____ mich nicht besonders _____ Fußball.

3. Wenn sie Salsa-Musik hört, _____ Federica oft _____ ihre Familie.

4. Wir möchten uns _____ das Essen _____ . Wir hatten vegetarisches Essen bestellt und es gab nur Gerichte mit Fleisch!

5. Alex hasst es, wenn er morgens lange _____ den Bus _____ muss.

→ Auflösung
Siehe nächste Seite

TAG 38

Auflösung:

A. **auf:** sich freuen, warten
   an: denken
   für: sich interessieren
   über: sich beschweren, sich ärgern, sich freuen, sprechen
   mit: sprechen
   von: träumen, sprechen

B. 1 freue, auf 2 interessiere, für 3 denkt, an 4 über, beschweren 5 auf, warten

Erfolgs-Check

Übung absolviert am:

	fiel mir leicht	möchte ich wiederholen
-------------------	☐	☐
-------------------	☐	☐
-------------------	☐	☐

Jeden Tag ein bisschen ...
DEUTSCH
TAG 39

Auf dem Bauernhof: Wie heißen diese Tiere?

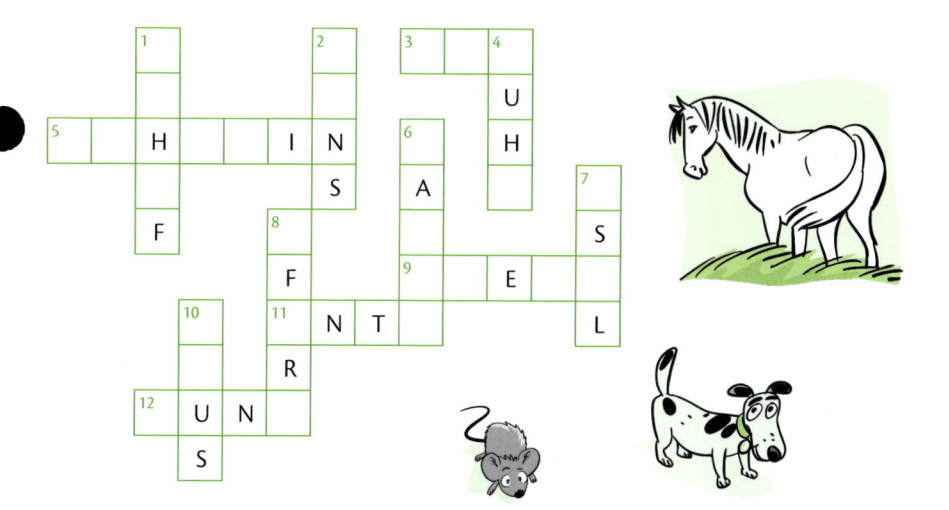

Senkrecht:
1. Aus seiner Wolle strickt man Pullover und mit seiner Milch macht man Käse.
2. Ihre Federn benutzt man für Bettdecken und ihr Fleisch isst man zu Weihnachten.
4. Es legt Eier und gackert.
6. Sie fängt Mäuse und schnurrt, wenn man sie streichelt.
7. Er kann schwere Sachen tragen und ist störrisch.
8. Es wiehert und man kann auf ihm reiten.
10. Sie ist klein und hat Angst vor Katzen.

Waagerecht:
3. Sie frisst Gras und gibt Milch.
5. Es frisst alles und aus seinem Fleisch macht man Wurst und Schinken.
9. Sie ist sehr intelligent und kann gut klettern.
11. Sie kann fliegen und schwimmen und macht „quak".
12. Er bellt und ist der „beste Freund" des Menschen.

*Auflösung
Siehe nächste Seite*

TAG 39

Auflösung:

Senkrecht: 1 Schaf **2** Gans **4** Huhn **6** Katze
7 Esel **8** Pferd **10** Maus
Waagerecht: 3 Kuh **5** Schwein **9** Ziege
11 Ente **12** Hund

Erfolgs-Check

Übung absolviert am:

	fiel mir leicht	möchte ich wiederholen
_____	☐	☐
_____	☐	☐
_____	☐	☐

Jeden Tag ein bisschen ...
DEUTSCH
TAG 40

Bilden Sie Relativsätze und schreiben Sie die fehlenden Relativpronomen in die Tabelle.

1. Die Stadt (sie liegt in Thüringen) ist wunderschön.

   Die Stadt, die in Thüringen liegt, ist wunderschön.

2. Das Fahrrad (Moritz möchte es kaufen) ist ziemlich teuer.

   Das Fahrrad, _____, ist ziemlich teuer.

3. Der Fluss (er fließt durch Köln) heißt Rhein.

   Der Fluss, _____, heißt Rhein.

4. Der Mensch (ich vertraue ihm am meisten) ist mein Großvater.

   Der Mensch, _____, ist mein Großvater.

5. Das Buch (es gefällt mir am besten) ist leider ausverkauft.

   Das Buch, _____, ist leider ausverkauft.

6. Kinder (die Eltern erlauben ihnen immer alles) nennt man verwöhnt.

   Kinder, _____, nennt man verwöhnt.

7. Das Mädchen (die Erzieherin hat ihm etwas vorgelesen) heißt Eva.

   Das Mädchen, _____, heißt Eva.

	Nominativ	Akkusativ	Dativ
Mask.		den	
Neutr.			dem
Fem.	die	die	der
Plural	die	die	

→ *Auflösung Siehe nächste Seite*

TAG 40

Auflösung:

2 das Moritz kaufen möchte
3 der durch Köln fließt
4 dem ich am meisten vertraue
5 das mir am besten gefällt
6 denen die Eltern immer alles erlauben
7 dem die Erzieherin etwas vorgelesen hat

Mask.: der, den, dem
Neutr.: das, das, dem
Fem.: die, die, der
Plural: die, die, der

Erfolgs-Check

Übung absolviert am: fiel mir leicht   möchte ich wiederholen

Jeden Tag ein bisschen ...
DEUTSCH

TAG 41

1 Wie nennt man Löffel, Gabel und Messer?

   a das Besteck

   b das Geschirr

   c die Beilage

2 Wählen Sie die richtige Antwort aus.
Eine Frau, die aus Frankreich kommt, ist eine _____ .

   a Französische

   b Franzose

   c Französin

3 Was kann man nicht sagen?

   a Wir freuen uns auf die Geburt unseres Babys.

   b Wir freuen uns über die Geburt unseres Babys.

   c Wir freuen uns für die Geburt unseres Babys.

4 Eins dieser Tiere kann fliegen. Wissen Sie, welches?

   a der Esel

   b die Ente

   c die Ziege

5 Welches Relativpronomen fehlt?
Der Wagen, _____ ich mir kaufen möchte, ist ziemlich billig.

   a der

   b denen

   c den

→ *Auflösung
Siehe nächste Seite*

TAG 41

Auflösung:

1 a – 2 c – 3 c – 4 b – 5 c

Erfolgs-Check

Übung absolviert am:

fiel mir leicht

möchte ich wiederholen

_____

_____

_____

Jeden Tag ein bisschen ...
DEUTSCH
TAG 42

Deutschland: Teilung und Wiedervereinigung

„Wo warst du am 9. November 1989?" Das fragen viele Deutsche noch heute, mehr als 20 Jahre danach. Es war ein historischer Tag für Deutschland: In Berlin „fiel" die *Mauer*, die 28 Jahre lang (1961–1989) die Stadt in Ost-Berlin und West-Berlin geteilt hatte. Aber nicht nur Berlin war geteilt, sondern ganz Deutschland.

Nach Ende des *Zweiten Weltkrieges* (1939–1945) teilten die *Siegermächte*[1] (USA, Großbritannien, Frankreich und Sowjetunion) Deutschland in vier Teile, die sogenannten *Besatzungszonen*[2]. 1949 wurden daraus zwei Staaten: Die drei Zonen der West-Alliierten bildeten die *Bundesrepublik Deutschland (BRD)*, die sowjetische Zone wurde die *Deutsche Demokratische Republik (DDR)*. Durch die Mitte von Deutschland, von Norden nach Süden, lief nun eine Grenze.

Jahrzehntelang[3] waren Familien und Freunde in West- und Ostdeutschland getrennt. Um in den „Westen" reisen zu können, benötigten die DDR-Bürger ein Visum. Die *„Sozialistische Einheitspartei Deutschlands" (SED)* regierte diktatorisch. Erst als in der Sowjetunion politische Reformen begannen, gab es auch in der DDR eine Chance auf Demokratisierung. Viele Bürger der Volksrepublik demonstrierten für *Meinungsfreiheit*[4], *Demokratie* und die *Öffnung der Grenzen*[5]. Am Ende hatte *die friedliche Revolution* Erfolg. Nach dem *Mauerfall* 1989 gab es im März 1990 die ersten demokratischen Wahlen in der DDR. Nur ein halbes Jahr später, am 3.10.1990, folgte die *Wiedervereinigung*: Aus zwei Staaten wurde wieder ein Staat. Der 3. Oktober, der Tag der Deutschen Einheit, ist heute deutscher Nationalfeiertag.

1 Länder, die einen Krieg gewonnen haben
2 Territorium, in dem Soldaten stationiert sind, um es zu kontrollieren
3 Jahrzehnt = eine Periode, die 10 Jahre andauert (Dekade)
4 jeder hat das Recht, mitzuteilen, was er denkt
5 die Menschen brauchen kein Visum mehr, um die Grenze zu passieren

Jeden Tag ein bisschen ...
DEUTSCH
TAG 43

A. Welche Satzteile gehören zusammen? Ordnen Sie zu.

1	Talita ist größer	a	viel besser Deutsch als ich.
2	Ein ICE fährt	b	lieber Jazz als Popmusik.
3	Die Tasche war teurer	c	höher als die Zugspitze.
4	Ich spiele genauso gut Tennis	d	langweilig, wie ich dachte.
5	Früher war er viel	e	schneller als ein Regionalzug.
6	Der Kilimandscharo ist	f	als Barbara.
7	Ich höre	g	wie du!
8	Rachele spricht	h	mehr Schuhe, als sie braucht.
9	Meine Freundin kauft immer viel	i	dicker. Er hat mindestens 15 Kilo abgenommen.
10	Der Film ist genauso	j	als das Kleid.

B. Welche Form des Adjektivs ist korrekt?

1 Der Mount Everest ist der hohe/höhere/höchste Berg der Erde.
2 In Deutschland leben viel/mehr/am meisten Menschen als in Norwegen.
3 In Japan werden die Menschen am alt/älter/ältesten.
4 Deutsch ist eine schwierige/schwieriger/am schwierigsten Sprache.
5 Meine Kinder essen gern/lieber/am liebsten Spaghetti als Gemüse.

→ Auflösung
Siehe nächste Seite

TAG 43

Auflösung:

A. 1 f – 2 e – 3 j – 4 g – 5 i – 6 c – 7 b – 8 a – 9 h – 10 d
B. 1 höchste 2 mehr 3 ältesten 4 schwierige 5 lieber

Erfolgs-Check

Übung absolviert am: fiel mir leicht   möchte ich wiederholen

Jeden Tag ein bisschen ...
Deutsch
TAG 44

A. Höflichkeit: Was ist höflicher?

1	a	Machen Sie mal das Fenster auf!
	b	Könnten Sie bitte das Fenster aufmachen?
2	a	Ich hätte gern ein Kilo Tomaten.
	b	Ich will ein Kilo Tomaten.
3	a	Entschuldigung, darf ich mal vorbei?
	b	Gehen Sie jetzt zur Seite, oder was?
4	a	Würde es Ihnen am Samstag passen?
	b	Samstag haben Sie hoffentlich Zeit!
5	a	Bringen Sie mir jetzt endlich die Rechnung?
	b	Entschuldigung, ich würde gern zahlen.
6	a	Könnte ich bitte mit Frau Müller sprechen?
	b	Holen Sie mal Frau Müller?

B. Welche Antwort passt nicht?

1 **Vielen Dank!**
   Keine Ursache. – Gern geschehen. – Bitte. – Sie auch.
2 **Einen schönen Tag noch!**
   Danke, gleichfalls. – Sie auch. – Ihnen auch. – Ebenso.
3 **Ist hier noch frei?**
   Nein, der Platz ist besetzt. – Ja. – Nein, tut mir leid. – Ja, danke.
4 **Darf ich Ihnen noch etwas einschenken?**
   Nein, danke. – Ja gern. – Keine Ursache. – Danke.
5 **Guten Morgen.**
   Hallo. – Guten Morgen. – Ihnen auch. – Guten Tag.

→ Auflösung
Siehe nächste Seite

TAG 44

Auflösung:

A. 1 b – 2 a – 3 a – 4 a –5 b – 6 a
B. 1 Sie auch. 2 Sie auch. 3 Ja, danke.
4 Keine Ursache. 5 Ihnen auch.

Erfolgs-Check

Übung absolviert am:	fiel mir leicht ↓	möchte ich wiederholen ↓
------------------	☐	☐
------------------	☐	☐
------------------	☐	☐

Jeden Tag ein bisschen ...
DEUTSCH
TAG 45

A. Zwei Freundinnen verabreden sich: Ordnen Sie den Dialog.

1	Hallo Sorana. Wie geht's*?	a	Ich glaube, um neun im Babylon.
2	Mir auch. Wie wär's, wollen wir mal wieder was zusammen unternehmen?	b	Ach, ich habe vergessen, wie der Film heißt. Aber es ist eine Komödie.
3	Was wollt ihr euch denn ansehen?	c	Ja, bis morgen. Ich freue mich.
4	Mhm, ja, etwas Lustiges finde ich nicht schlecht. Wann läuft er denn?	d	Ja, klar. Ich wollte morgen mit Cindy ins Kino. Hast du Lust mitzukommen?
5	Okay, dann gucke ich noch mal im Internet, welcher Film es ist.	e	Wollen wir vorher noch was essen gehen?
6	Ja gern. So um halb acht?	f	Gut! Und dir?
7	Ja gut, mach das. Dann bis morgen.	g	Okay, super. Dann sage ich noch Cindy Bescheid.

* geht's = geht es

B. Urlaub und Freizeit: Was passt nicht?

1 **gehen:** ins Kino, ins Theater, in den Urlaub, ins Museum

2 **sehen:** einen Film, eine Ausstellung, eine Stadtrundfahrt, ein Theaterstück

3 **besuchen:** eine Ausstellung, Freunde, ein Museum, einen Spaziergang

4 **ausgehen:** in die Bar, in die Kneipe, in die Disko, in den Garten

5 **fahren:** mit dem Bus, mit dem Flugzeug, mit dem Schiff, mit dem Zug

6 **machen:** einen Spaziergang, eine Führung, eine Reise, eine Kneipe

→ Auflösung
Siehe nächste Seite

TAG 45

Auflösung:

A. 1 f – 2 d – 3 b – 4 a – 5 e – 6 g – 7 c
B. 1 in den Urlaub 2 eine Stadtrundfahrt
   3 einen Spaziergang 4 in den Garten
   5 mit dem Flugzeug 6 eine Kneipe

Erfolgs-Check

Übung absolviert am:

	fiel mir leicht	möchte ich wiederholen
....	☐	☐
....	☐	☐
....	☐	☐

Jeden Tag ein bisschen ...
DEUTSCH
TAG 46

A. Bilden diese Verben das Perfekt mit *haben* oder *sein*? Schreiben Sie H (haben) oder S (sein) neben das Verb.

ankommen _____   gehen _____   ansehen _____

machen _____   bleiben _____   beobachten _____

besuchen _____   sterben _____   versuchen _____

fahren _____   laufen _____

B. Ein Brief aus Berlin: Ergänzen Sie die Formen von *haben* oder *sein*.

Liebe Paula,

vorgestern Abend _____ wir in Berlin angekommen. Die Stadt ist toll und das Hotel liegt sehr zentral. Nach unserer Ankunft _____ wir noch spazieren gegangen und _____ uns das Brandenburger Tor angesehen. Gestern _____ wir eine Stadtrundfahrt mit dem Bus gemacht und die wichtigsten Sehenswürdigkeiten gesehen, dann _____ wir mittags in Kreuzberg essen gegangen. Wir _____ lange in dem Restaurant geblieben und _____ die Leute auf der Straße beobachtet.
Am Nachmittag _____ wir die „Gedenkstätte Berliner Mauer" besucht, das war sehr interessant, aber auch traurig. Von dort _____ wir mit der S-Bahn ins Hotel zurückgefahren. Ich war schrecklich müde und wollte mich ein bisschen ausruhen.
Heute _____ wir viel gelaufen, sodass mir jetzt die Füße wehtun. Vom Brandenburger Tor zum Alexanderplatz, dann zur East-Side-Gallery ... Ach, es gibt so viel zu sehen in Berlin! Viele Grüße und bis bald! Deine Emma

→ Auflösung Siehe nächste Seite

TAG 46

Auflösung:

A. ankommen S – gehen S – ansehen H – machen H – bleiben S – beobachten H – besuchen H – sterben S – versuchen H – fahren S – laufen S

B. sind – sind – haben – haben – sind – sind – haben – haben – sind – sind

Erfolgs-Check

Übung absolviert am:

	fiel mir leicht	möchte ich wiederholen
....	☐	☐
....	☐	☐
....	☐	☐

Jeden Tag ein bisschen ...
DEUTSCH
TAG 47

Was macht man an diesen Orten? Ordnen Sie zu.

Tiere beobachten – Geburtstag feiern – etwas trinken – essen – Bilder ansehen – Eintrittskarten kaufen – applaudieren – ein Spiel sehen – etwas bestellen – spielen – etwas kaufen – einen Film sehen – Bücher ausleihen – tanzen – sich über Tiere informieren – seine Mannschaft anfeuern – ein Theaterstück sehen – etwas anprobieren – lesen – spazieren gehen – etwas umtauschen – klettern – schwimmen – eine Ausstellung besuchen – in der Sonne liegen – an einer Führung teilnehmen – picknicken – Bier trinken – tauchen

1 das Restaurant: _____
2 die Disco: _____
3 das Kino: _____
4 das Theater: _____
5 die Bibliothek: _____
6 das Kaufhaus: _____
7 das Schwimmbad: _____
8 das Museum: _____
9 das Fußballstadion: _____
10 der Park: _____
11 der Spielplatz: _____
12 der Zoo: _____

→ *Auflösung Siehe nächste Seite*

TAG 47

Auflösung:

1 essen, Geburtstag feiern, etwas bestellen, etwas trinken, Bier trinken
2 tanzen, etwas trinken, Geburtstag feiern
3 einen Film sehen, Eintrittskarten kaufen
4 ein Theaterstück sehen, Eintrittskarten kaufen, applaudieren
5 lesen, Bücher ausleihen
6 etwas kaufen, etwas anprobieren, etwas umtauschen
7 schwimmen, tauchen
8 eine Ausstellung besuchen, Bilder ansehen, an einer Führung teilnehmen
9 ein Spiel sehen, seine Mannschaft anfeuern, Bier trinken
10 in der Sonne liegen, picknicken, spazieren gehen
11 spielen, klettern
12 Tiere beobachten, sich über Tiere informieren

Erfolgs-Check

Übung absolviert am:

	fiel mir leicht	möchte ich wiederholen
----------	☐	☐
----------	☐	☐
----------	☐	☐

Jeden Tag ein bisschen ...
DEUTSCH
TAG 48

1 Welche Form des Adjektivs muss hier eingesetzt werden?
Der Berliner Fernsehturm ist _____ als der Eiffelturm in Paris.

- a höher
- b hoch
- c hoher

2 Nur eine der drei Antworten ist richtig. Welche ist es?
Vielen Dank! – _____!

- a Macht nichts
- b Gern geschehen
- c Ich auch

3 Ergänzen Sie den Satz.
Hast du Lust, einen Spaziergang _____?

- a zu gehen
- b auszugehen
- c zu machen

4 Welche Perfektform ist nicht korrekt?

- a ich habe gelaufen
- b ich bin geblieben
- c ich habe gesehen

5 Wohin gehen Sie, um eine Ausstellung zu besuchen?

- a ins Theater
- b ins Museum
- c in den Zoo

Auflösung
Siehe nächste Seite

TAG 48

Auflösung:

1 a – 2 b – 3 c – 4 a – 5 b

Erfolgs-Check

	fiel mir leicht	möchte ich wiederholen
Übung absolviert am:	↓	↓
....	☐	☐
....	☐	☐
....	☐	☐

Jeden Tag ein bisschen ...
DEUTSCH
TAG 49

Deutsches Bier

Bier gehört zu Deutschland wie die Pizza zu Italien. Fast überall in Deutschland trinkt und produziert man dieses beliebte alkoholische Getränk. Den Produktionsprozess nennt man *brauen* und das passiert in einer *Brauerei*. Traditionell hat das Bier in Deutschland nur drei Zutaten[1]: Gerste, Hopfen und Malz[2].

So unterschiedlich die Regionen sind, so unterschiedlich sind auch die Biersorten[3]. Von *Weißbier*, das eher in Süddeutschland verbreitet ist, über das sehr populäre *Pils* bis zu Dunkelbier, wie dem *Altbier*, gibt es mehr als 5.000 verschiedene Sorten in Deutschland. Regional verschieden sind auch die Biergläser. In Köln trinkt man *Kölsch*, das in einem kleinen schlanken Glas (0,2 Liter) serviert wird. Die Bayern lieben *Weizenbier* und große Gläser: In eine bayrische Maß (auch: der *Maßkrug*) passt ein ganzer Liter.

Beliebt sind auch Biermischgetränke: In der Hauptstadt Berlin trinkt man die *Berliner Weiße*, ein Bier, das man mit Himbeer- oder Waldmeistersirup[4] süßt. Gern getrunken wird auch Bier mit Zitronenlimonade: das *Radler* (so sagt man im Süden) oder *Alster* (der Name in Norddeutschland).

Für Autofahrer, die auf Bier nicht verzichten möchten, gibt es natürlich auch *alkoholfreies* Bier.

1 Bestandteil; ein Lebensmittel, das man für die Produktion benutzt
2 Gerste, Malz = Getreide; Hopfen = Pflanze zur Bierherstellung
3 Sorte = Variante
4 Waldmeister = im Wald wachsende, aromatische Pflanze

Jeden Tag ein bisschen ...
DEUTSCH
TAG 50

A. Wie heißen die Gegenstände? Ordnen Sie die Nummern den Wörtern zu.

der	das	die	die (Plural)
Tisch _____	Bett _____	Garderobe _____	Stühle _____
Teppich _____	Sofa _____	Lampe _____	

B. Wo ist was? Ergänzen Sie die passende Präposition und den Artikel im Dativ.

an – auf – hinter – in – neben – über – unter – vor – zwischen

1 Alle Möbel sind ____*im (= in dem)*____ Zimmer.
2 Die Decke und das Kissen liegen _____ Bett.
3 Der Teppich liegt _____ Tisch.
4 Die Jacke hängt _____ Garderobe.
5 Das Sofa steht _____ Lampe.
6 Der Tisch steht _____ Stühlen.
7 Der Schrank steht _____ Teppich.
8 Das Bild hängt _____ Bett.
9 Ein Stuhl steht _____ Tisch.

→ Auflösung Siehe nächste Seite

TAG 50

Auflösung:

A. **der:** Tisch 4, Teppich 3
   das: Bett 2, Sofa 7
   die: Garderobe 1, Lampe 6
   die (Plural): Stühle 5

B. 2 Die Decke und das Kissen liegen auf dem Bett.
   3 Der Teppich liegt unter dem Tisch.
   4 Die Jacke hängt an der Garderobe.
   5 Das Sofa steht neben der Lampe.
   6 Der Tisch steht zwischen den Stühlen.
   7 Der Schrank steht hinter dem Teppich.
   8 Das Bild hängt über dem Bett.
   9 Ein Stuhl steht vor dem Tisch.

Erfolgs-Check

Übung absolviert am:

	fiel mir leicht	möchte ich wiederholen
....	☐	☐
....	☐	☐
....	☐	☐

Jeden Tag ein bisschen ... DEUTSCH — TAG 51

Finden Sie im Buchstabensalat die Präteritumformen dieser 20 Verben:

stehen – laufen – gehen – fliegen – kommen – schreiben – rufen – sitzen – trinken – schlafen – vergessen – essen – finden – geben – tun – gefallen – sehen – wissen – kennen – bringen

```
G I N G Ä T W S K R T D T
E L O A Y R S C L I B S M
F H K B R A C H T E K L N
I T B N M N E L P F A N D
E W ß H I K E I F Z ß H T
L I E F K N I E E T G N E
S D E L L Ü W F A F B Ä T
B C T O L M U A M M V S S
V E R G A ß S V T ß A X M
A G E M L P S T A N D Y M
D E F G P L T F T D B N Z
X K A N N T E F Z U I E T
T A Ä F ß U P S A ß E T R
R M C T E I L A C H B Ö I
A O V B L S C H R I E B M
```

→ *Auflösung Siehe nächste Seite*

TAG 51

Auflösung:

stand – lief – ging – flog – kam – schrieb –
rief – saß – trank – schlief – vergaß – aß –
fand – gab – tat – gefiel – sah – wusste –
kannte – brachte

Erfolgs-Check

Übung absolviert am:

fiel mir leicht | möchte ich wiederholen

_____

_____

_____

Jeden Tag ein bisschen ...
DEUTSCH

TAG 52

A. Welche der temporalen Präpositionen passt?

seit – vor – in (2×) – zwischen – während – bis

1 Juanita lebt _____ 20 Jahren in Deutschland.
2 • Wie lange warst du gestern noch bei Rafael? • _____ sieben.
3 • Wann bist du denn nach Hamburg gefahren? • _____ drei Wochen.
4 _____ 2008 und 2010 hat er drei verschiedene Stellen gehabt.
5 _____ diesem Jahr feierte die Firma ihr Jubiläum.
6 • Wann fängst du mit dem Kurs an? • _____ einem Monat.
7 _____ des Studiums hatte sie wenig Zeit.

B. Setzen Sie die passende lokale Präposition ein.

mit – bis – nach (2×) – in (2×) – zu – aus – bei – von

1 Wir fahren in den Urlaub _____ Italien.
2 Sie wohnt _____ ihrem Freund zusammen.
3 Fahren Sie _____ Köln-Süd, dann steigen Sie _____ die S-Bahn um.
4 Wie komme ich _____ eurer Wohnung?
5 Marie kommt _____ Erfurt, aber sie wohnt jetzt _____ Berlin.
6 Wohnst du noch _____ deinen Eltern?
7 Wir laufen _____ der Schule _____ Hause.

→ *Auflösung
Siehe nächste Seite*

TAG 52

Auflösung:

A. 1 seit 2 Bis 3 Vor 4 Zwischen
   5 In 6 In 7 Während
B. 1 nach 2 mit 3 bis, in 4 zu 5 aus, in
   6 bei 7 von, nach

Erfolgs-Check

Übung absolviert am:

	fiel mir leicht	möchte ich wiederholen
_____	☐	☐
_____	☐	☐
_____	☐	☐

Jeden Tag ein bisschen ...
DEUTSCH
TAG 53

Wie heißen die Sportarten?

Waagerecht:
1 Für diese Sportart braucht man ein Pferd.
2 Boris Becker und Steffi Graf haben diesen Sport in Deutschland populär gemacht.
3 Auch unter dem Namen „Wellenreiten" bekannte Sportart.
4 Eine Ballsportart mit sieben Spielern pro Mannschaft und zwei Toren.
5 Ein kleiner Ball muss mit einem Schläger in ein Loch geschlagen werden.
6 Sportart im Wasser, bei der man möglichst schnell sein muss.
7 Man kann es in den Bergen machen oder in einer Halle. Man braucht dazu einen Partner.
8 Eine Aktivität in den Bergen, für die man gute Schuhe braucht.
9 Ein Mannschaftssport, bei dem man einen Ball und ein Netz braucht.

Senkrecht:
10 Eine Sportart, für die man Schlittschuhe und einen Schläger braucht.

→ *Auflösung Siehe nächste Seite*

TAG 53

Auflösung:

1 Reiten 2 Tennis 3 Surfen 4 Handball
5 Golf 6 Schwimmen 7 Klettern
8 Wandern 9 Volleyball 10 Eishockey

Erfolgs-Check

Übung absolviert am:

	fiel mir leicht	möchte ich wiederholen
....	☐	☐
....	☐	☐
....	☐	☐

Jeden Tag ein bisschen ...
DEUTSCH

TAG 54

A. Die Einladung: Ergänzen Sie die passenden Wörter.

> Salat – Fisch – Abendessen – Nachtisch – Vegetarierin – kochen – magst – Fleisch – Kirschen

Jan: Heute Abend kommen Hannah und Daniel zum _____ .

Barbara: Schön. Und hast du schon eine Idee, was du _____ willst?

J: Also, auf jeden Fall kein _____ , Hannah ist ja _____ .

B: Isst sie denn _____ ?

J: Nein, auch nicht. Vielleicht machen wir Käsespätzle und einen _____ ?

B: Gute Idee. Und zum _____ ?

J: Vanilleeis mit heißen _____ ? Das _____ du doch auch gern, oder?

B. Im Lebensmittelgeschäft: Was sagt der Kunde/die Kundin? Ordnen Sie zu.

	Verkäufer/in		Kunde/Kundin
1	Was darf's* sein? (*darf's = darf es)	a	Ja, ich brauche noch Salat.
2	Haben Sie noch einen Wunsch?	b	Sehr gern, danke. Was kosten die denn?
3	Wir haben hier auch schöne Melonen. Möchten Sie mal probieren?	c	Ich hätte gern ein Kilo Erdbeeren und vier Äpfel.
4	Möchten Sie eine Tüte?	d	Vielen Dank. Auf Wiedersehen.
5	Bitte sehr. Und einen schönen Tag noch.	e	Nein danke, das passt in meine Tasche.

→ *Auflösung
Siehe nächste Seite*

TAG 54

Auflösung:

A. Abendessen – kochen – Fleisch – Vegetarierin – Fisch – Salat – Nachtisch – Kirschen – magst

B. 1 c – 2 a – 3 b – 4 e – 5 d

Erfolgs-Check

Übung absolviert am:

fiel mir leicht | möchte ich wiederholen

Jeden Tag ein bisschen ...
DEUTSCH

TAG 55

1 Setzen Sie den richtigen Artikel ein.
Das Bild hängt über _____ Bett.

   a der
   b das
   c dem

2 Wie heißt die Präteritumform von *geben*?

   a gibte
   b gäbe
   c gab

3 Welcher Satz hat die gleiche Bedeutung?
Ich habe vor drei Jahren angefangen Deutsch zu lernen.

   a Ich lerne seit drei Jahren Deutsch.
   b Ich habe seit drei Jahren Deutsch gelernt.
   c Ich habe vor drei Jahren Deutsch gelernt.

4 Für welche Sportart braucht man ein Tier?

   a klettern
   b reiten
   c wandern

5 Auf dem Markt: Wie heißt die richtige Antwort?
Was darf's sein?

   a Ich hätte gern Tomaten.
   b Ich würde gern Gemüse.
   c Ich wäre gern eine Tüte.

→ *Auflösung
Siehe nächste Seite*

TAG 55

Auflösung:
1 c – 2 c – 3 a – 4 b – 5 a

Erfolgs-Check

Übung absolviert am:

	fiel mir leicht ↓	möchte ich wiederholen ↓
....	☐	☐
....	☐	☐
....	☐	☐

Jeden Tag ein bisschen ... DEUTSCH
TAG 56

Sport und Freizeit

Sind Sie begeisterter *Fußball*spieler? Dann werden Sie in Deutschland bestimmt eine Gelegenheit[1] finden, ein bisschen zu spielen. Dieser Sport ist bei Jung und Alt, Dick und Dünn, Reich und Arm – kurzum: überall – beliebt. Übrigens auch bei den Frauen; die deutsche Frauen-Nationalmannschaft[2] ist in letzter Zeit sogar erfolgreicher als die der Männer und wurde 2003 und 2007 *Weltmeister*!

Aber die Deutschen spielen nicht nur Fußball: Wussten Sie, dass es einen deutschen *Sumo-Amateurweltmeister* gibt? Er heißt Jörg Brümmer. Sumo ist zwar noch nicht sehr verbreitet, *Kampfkunst* liegt aber im Trend und Kampfsportarten wie Judo, Karate und Taekwondo werden von vielen Deutschen betrieben.

Ein anderer sehr populärer Sport ist *Handball*: Hier wird der Ball mit den Händen bewegt und muss in ein Tor[3] geworfen werden. Auch viele Sportarten, die man im Freien machen kann, sind sehr beliebt, zum Beispiel Klettern[4], Ski fahren, Surfen oder Joggen.

Es gibt sogar für jeden Sport einen eigenen *Sportverein*[5]! Aber auch derjenige, der keine Lust auf körperliche Aktivitäten hat, findet interessante Klubs, zum Beispiel den Heimatverein, den Skatklub oder den Briefmarkensammlerverein ... Die Liste geht immer weiter!

1 Möglichkeit
2 Mannschaft = Team, Spielergruppe
3 rechteckiger Kasten mit einem Netz hinten, in den der Ball muss
4 eine Bergwand besteigen
5 Verein = Klub

Jeden Tag ein bisschen ... DEUTSCH
TAG 57

A. Am Telefon: Ergänzen Sie den Dialog. Ordnen Sie die Buchstaben.

- Agentur Winter, Christine Müller am APPRATA _____. Was kann ich für Sie NUT _____?
- Guten Tag, Herbert Feuerbach hier. Könnte ich bitte mit Herrn Schneider SEPCHENR _____?
- Ja, natürlich. Einen MMONTE _____ bitte, ich ESETLL _____ Sie durch.
  Herr Feuerbach? Tut mir leid, aber Herr Schneider ist nicht am LPTZA _____. Soll er Sie ZRÜCKURFUNE _____?
  Oder kann ich ihm etwas ASURTICHEN _____?
- Nein danke, ich LDEME _____ mich noch mal.
- VRSEUECHN _____ Sie es doch morgen früh noch mal.
- Gut, das mache ich. Vielen Dank und auf WDIEREHNÖRE _____.

B. Welches Wort passt?

1. Ist da nicht das Autohaus Bachmann? Oh Entschuldigung, dann habe ich mich verlaufen / verwählt / versucht.
2. Hast du eine Nachricht auf meinem Anrufbeantworter / Telefonanbieter / Nummernschild hinterlassen?
3. Die Telefonnummer / Vorwahl / Postleitzahl von Hamburg ist 040.
4. Warte mal, das Telefon klingt / klappt / klingelt.
5. Wenn Sie Informationen möchten, malen / wählen / melden Sie die drei.
6. Ich bin so genervt! Jetzt habe ich schon dreimal angerufen und es ist immer reserviert / besessen / besetzt!

Auflösung Siehe nächste Seite

TAG 57

Auflösung:

A. Apparat – tun – sprechen – Moment – stelle – Platz – zurückrufen – ausrichten – melde – versuchen – Wiederhören

B 1 verwählt 2 Anrufbeantworter 3 Vorwahl 4 klingelt 5 wählen 6 besetzt

Erfolgs-Check

Übung absolviert am:

fiel mir leicht ↓	möchte ich wiederholen ↓
☐	☐
☐	☐
☐	☐

Jeden Tag ein bisschen ...
DEUTSCH

TAG 58

A. Trennbares Verb oder nicht? Ergänzen Sie die Sätze mit den passenden Verbformen.

1. kaufen – verkaufen – einkaufen
   a Rachele kauft sich ein neues Kleid ___/ / /___.
   b Frederick _____ Sarah sein Auto _____.
   c Miriam _____ am liebsten mit ihrem Mann _____.

2. aussuchen – besuchen – versuchen
   a Heute _____ wir Leni im Krankenhaus _____.
   b Ana _____ noch besser Deutsch zu lernen _____.
   c Amina _____ die Musik für die Party _____.

3. bringen – mitbringen – verbringen
   a _____ ihr morgen bitte alle eure Kameras _____?
   b Einen Moment bitte, ich _____ Ihnen sofort die Speisekarte _____.
   c Wir _____ den Urlaub meistens am Meer _____.

4. fallen – gefallen – ausfallen
   a Die Ohrringe _____ Marion sehr gut _____.
   b Leon ist schon wieder so müde! Ich glaube, er _____ gleich vom Stuhl _____.
   c Wenn es 40 Grad heiß ist, _____ die Schule _____.

B. Welche Präfixe sind trennbar und welche nicht? Ordnen Sie zu.

aus-   be-   ein-   ge-   mit-   ver-

trennbar	nicht trennbar
ein-	ver-

→ Auflösung Siehe nächste Seite

TAG 58

Auflösung:

A. **1 b** verkauft **c** kauft, ein
   2 a besuchen **b** versucht **c** sucht, aus
   3 a Bringt, mit **b** bringe **c** verbringen
   4 a gefallen **b** fällt **c** fällt, aus

B. **trennbar:** aus-, ein-, mit-
   nicht trennbar: be-, ge-, ver-

Erfolgs-Check

Übung absolviert am:

	fiel mir leicht	möchte ich wiederholen
....	☐	☐
....	☐	☐
....	☐	☐

Jeden Tag ein bisschen ...
DEUTSCH
TAG 59

Im Urlaub: Ergänzen Sie das Kreuzworträtsel.

Waagerecht:	1	Man benutzt es nach dem Duschen oder man liegt am Strand darauf.
	4	Das geht manchmal auf der Reise verloren.
	5	Man trägt ihn, damit man keinen Sonnenbrand bekommt.
	8	Das braucht man, wenn man Campingurlaub macht.
	9	Dort oder im Internet bucht man eine Reise.
	10	Den muss man an vielen Grenzen zeigen.
Senkrecht:	2	Das bucht man im Hotel, wenn man zu zweit ist.
	3	Das macht man im Hotel oder Restaurant, wenn man nicht zufrieden ist.
	6	Dort kann man im Hotel seinen Schlüssel abholen.
	7	Darin stehen viele nützliche Informationen über den Urlaubsort.

→ *Auflösung Siehe nächste Seite*

TAG 59

Auflösung:

Waagerecht:

1 Handtuch 4 Gepäck 5 Sonnenhut
8 Zelt 9 Reisebüro 10 Reisepass

Senkrecht:

2 Doppelzimmer 3 beschweren
6 Rezeption 7 Reiseführer

Erfolgs-Check

	fiel mir leicht	möchte ich wiederholen
Übung absolviert am:	↓	↓
....	☐	☐
....	☐	☐
....	☐	☐

Jeden Tag ein bisschen ...
DEUTSCH
TAG 60

Vervollständigen Sie die Sätze. Wenn es möglich ist, bilden Sie eine Konstruktion mit *um ... zu*. Wenn nicht, benutzen Sie einen Nebensatz mit *damit*.

a ihre Kinder – mehr draußen spielen können
b eine Arbeit in Deutschland – finden können   c Brot – schneiden
d seine Frau mit ihrer Freundin – ausgehen können
e wir – noch pünktlich kommen   f am Wochenende – frei haben
g gesund – bleiben   h Französisch – lernen

1 Ich lerne Deutsch, *um eine Arbeit in Deutschland finden zu können* .

2 Du musst dich jetzt wirklich beeilen, _____ .

3 Karl macht viel Sport, _____ .

4 Ralf und ich haben schon zweimal einen Sprachkurs in Paris gemacht, _____ .

5 Juliane und Matthias wollen aufs Land ziehen, _____ .

6 Ein Messer braucht man zum Beispiel, _____ .

7 Dagmar arbeitet heute bis spätabends, _____ .

8 Fabian passt heute Abend auf seinen Sohn auf, _____ .

→ Auflösung
Siehe nächste Seite

TAG 60

Auflösung:

2 e damit wir noch pünktlich kommen
3 g um gesund zu bleiben
4 h um Französisch zu lernen
5 a damit ihre Kinder mehr draußen spielen können
6 c um Brot zu schneiden
7 f um am Wochenende frei zu haben
8 d damit seine Frau mit ihrer Freundin ausgehen kann

Erfolgs-Check

	fiel mir leicht	möchte ich wiederholen
Übung absolviert am:	↓	↓
....	☐	☐
....	☐	☐
....	☐	☐

Jeden Tag ein bisschen ...
DEUTSCH

TAG 61

Ergänzen Sie die Sätze mit dem richtigen Adjektiv.

ängstlich – ehrgeizig – ehrlich – fleißig – offen – ordentlich – selbstbewusst – schüchtern – spontan – temperamentvoll – verantwortungsbewusst – witzig

1. Fritz ist sehr _____, seine Karriere ist das Wichtigste für ihn.
2. Wenn Camille mit Leuten zusammen ist, die sie nicht kennt, ist sie zuerst immer ein bisschen _____.
3. Meine Eltern finden es immer interessant, meine Bekannten kennenzulernen. Sie sind sehr _____.
4. Zu seinen Freunden sollte man immer _____ sein und sie nicht anlügen.
5. Simone ist sehr _____, sie weiß, was sie gut kann und sagt das auch.
6. Findest du nicht, dass Petras Kinder ziemlich _____ sind? Sie trauen sich ja nicht mal, alleine auf den Spielplatz zu gehen.
7. Meine Kollegin ist so _____, wenn ihr etwas nicht gefällt, dann schreit sie sofort die Leute an und eine Minute später lachen sie dann schon wieder zusammen.
8. Der Babysitter ist sehr _____. Sonst lassen wir unsere Kinder bestimmt nicht bei ihm!
9. Warum müssen wir denn immer alles planen? Kannst du nicht mal ein bisschen _____ sein?
10. Mit Oli und Ilona ist es wirklich schwierig. Er ist ein Chaot und sie ist extrem _____. Da gibt es natürlich viele Konflikte.
11. Ich habe lange nicht mehr so viel gelacht wie gestern Abend, dein Bruder ist immer so _____.
12. Martin hat das Abitur nicht bestanden. Gewundert hat das niemanden, er hat wirklich nicht sehr _____ gelernt.

Auflösung Siehe nächste Seite

TAG 61

Auflösung:

1 ehrgeizig
2 schüchtern
3 offen
4 ehrlich
5 selbstbewusst
6 ängstlich
7 temperamentvoll
8 verantwortungsbewusst
9 spontan
10 ordentlich
11 witzig
12 fleißig

Erfolgs-Check

Übung absolviert am:

	fiel mir leicht	möchte ich wiederholen
....	☐	☐
....	☐	☐
....	☐	☐

Jeden Tag ein bisschen ... DEUTSCH

TAG 62

1 Am Telefon: Welches Wort passt?
Tut mir leid, Herr Müller ist heute nicht da. Kann ich ihm etwas _____?

- a ausrichten
- b zurückrufen
- c durchstellen

2 Welche Verbform fehlt hier?
Ich _____ meine Freizeit am liebsten in der Natur.

- a bringe
- b verbringe
- c mitbringe

3 Was ist das?
Ein Buch, in dem viele Informationen über ein Land oder eine Stadt stehen.

- a der Reiseleiter
- b der Reisekoffer
- c der Reiseführer

4 Welcher Satz ist nicht richtig?

- a Wir müssen uns beeilen, um pünktlich zu sein.
- b Wir müssen uns beeilen, für pünktlich zu sein.
- c Wir müssen uns beeilen, damit wir pünktlich sind.

5 Welches Adjektiv gehört in die Lücke?
Du hast mich angelogen! Ich hasse es, wenn man nicht _____ zu mir ist!

- a ehrlich
- b ehrgeizig
- c ängstlich

→ Auflösung
Siehe nächste Seite

TAG 62

Auflösung:

1 a – **2** b – **3** c – **4** b – **5** a

Erfolgs-Check

Übung absolviert am:

fiel mir leicht ↓

möchte ich wiederholen ↓

.... ☐ ☐

.... ☐ ☐

.... ☐ ☐

Schule in Deutschland

Wissen Sie, was eine *Sekundarschule* ist? Oder eine *Stadtteilschule*? Nein? Dann sind Sie nicht allein. Das Schulsystem in Deutschland zu erklären ist nicht einfach, denn in jedem Bundesland gibt es andere Schulformen.

Überall in Deutschland kommen die Kinder mit sechs Jahren in die *Grundschule*. Aber dann beginnen auch schon die Unterschiede: In manchen Bundesländern dauert die Grundschule vier Jahre, in anderen sechs. Danach wechseln die Kinder auf eine andere Schule.

Traditionell gab es in Deutschland nach der Grundschule ein *dreigliedriges Schulsystem*, also drei verschiedene Schulformen. Früher besuchten die meisten Kinder die *Hauptschule*, die sie nach 6 Jahren (10. Schuljahr) beendeten, um zu arbeiten oder einen Beruf zu erlernen. Die *Realschule* sollte auf „schwierigere" Berufe vorbereiten. Das *Gymnasium* besuchten nur wenige Kinder. Dort machte man nach neun Jahren (13. Schuljahr) das Abitur und hatte die Qualifikation, an einer *Universität* zu studieren. In der DDR hingegen besuchten alle Kinder bis zum 10. Schuljahr zusammen eine *Oberschule*.

Das Prinzip, die Kinder früh auf verschiedene Schulen zu schicken, wird bereits seit Jahrzehnten kritisiert. Wissenschaftliche Untersuchungen[1] haben gezeigt, dass das Schulsystem in der Bundesrepublik Kinder aus ärmeren oder weniger gebildeten Familien sowie Kinder aus Familien mit Migrationshintergrund benachteiligt, also diskriminiert. Es gibt keine *Chancengleichheit*[2]. Deshalb haben viele Bundesländer heute Schulen, in denen die Kinder länger zusammen lernen sollen, zum Beispiel die *Gesamtschule* oder die *Gemeinschaftsschule*.

1 Untersuchung = Studie, Analyse
2 alle Menschen haben die gleichen Möglichkeiten

Jeden Tag ein bisschen ...
DEUTSCH

TAG 64

Modalverben im Präteritum:
Ergänzen Sie die Dialoge mit den passenden Verbformen.

konntest – durfte – konnte (2×) – wollte – musste (3×)

1 • Warum bist du so spät? Ich warte seit 20 Minuten!

• Tut mir leid, ich _____ so lange auf den Bus warten.

• _____ du nicht anrufen?

• Nein, _____ ich nicht. Ich habe mein Handy zu Hause vergessen.

2 • Warum warst du gestern nicht beim Sport?

• Ich _____ zum Zahnarzt gehen, weil ich Zahnschmerzen hatte. Ich hatte Karies, deswegen hat der Zahnarzt gesagt, dass ich weniger Schokolade essen soll.

• Das ist ja nicht so schlimm. Als ich einmal ein Loch im Zahn hatte, _____ ich gar keine Süßigkeiten mehr essen!

3 • Früher habe ich davon geträumt, nach Asien zu reisen. Vor allem _____ ich immer nach China.

• Und warum warst du nie da?

• Während meines Studiums hatte ich nie Zeit. Ich _____ in den Semesterferien immer arbeiten, um Geld zu verdienen. Später habe ich meine Kinder bekommen, dann _____ ich es auch nicht machen. Aber wenn die Kinder ein bisschen größer sind – mal sehen ...

→ Auflösung
Siehe nächste Seite

TAG 64

Auflösung:

1 musste – konntest – konnte
2 musste – durfte
3 wollte – musste – konnte

Erfolgs-Check

	fiel mir leicht	möchte ich wiederholen
Übung absolviert am:	↓	↓
....	☐	☐
....	☐	☐
....	☐	☐

Jeden Tag ein bisschen ...
Deutsch

TAG 65

A. Wie heißen die Wörter?

1	Ein kleiner Berg ist ein ÜGLHE.	Hügel
2	Der Rhein ist ein deutscher LUSFS.	
3	Zwischen Deutschland, Österreich und der Schweiz liegt der BodenESE.	
4	Gemüse pflanzt man auf einem LFED.	
5	Ein LAWD besteht aus vielen Bäumen.	
6	Die Alpen sind ein bekanntes BIGERGE.	
7	Surfen, schwimmen und Boot fahren kann man auf dem MREE.	
8	Im Sommer machen wir gern ein Picknick auf einer schönen grünen SWEIE.	
9	In den Tropen gibt es besonders viele Arten von LPFAZNEN.	
10	Im Herbst verliert ein Baum alle seine LÄBRETT.	

B. Finden Sie den Oberbegriff.

1 der Fluss – der See – das Meer: das W _____

2 der Baum – die Blume – das Gras: die P _____

3 der Hund – die Katze – die Maus: das T _____

4 der Stamm – der Ast – die Blätter: der B _____

→ Auflösung
Siehe nächste Seite

TAG 65

Auflösung:

A. 1 Hügel 2 Fluss 3 See 4 Feld 5 Wald
   6 Gebirge 7 Meer 8 Wiese
   9 Pflanzen 10 Blätter
B. 1 Wasser 2 Pflanze 3 Tier 4 Baum

Erfolgs-Check

Übung absolviert am:

	fiel mir leicht ↓	möchte ich wiederholen ↓
....	☐	☐
....	☐	☐
....	☐	☐

Jeden Tag ein bisschen ...
DEUTSCH
TAG 66

Dativ oder Akkusativ? Wählen Sie das richtige Personalpronomen aus. Beachten Sie dabei die Verben.

1. • Vergiss nicht Matthias anzurufen!
   • Was? Ich habe ihn/ihm doch schon angerufen.
2. • Hast du ein Geschenk für Katrin?
   • Ja klar. Ich schenke sie/ihr einen Schal.
3. • Hilfst du mich/mir mal? Ich schaffe das nicht allein.
   • Moment, ich komme.
4. • Verzeihung, wissen Sie vielleicht, wie ich zum Marktplatz komme?
   • Ja, warten Sie, ich erkläre Sie/Ihnen den Weg.
5. • Ist das Wasser für deine Eltern?
   • Ja, sie wollten, dass ich sie/ihnen einen Kasten mitbringe.
6. • Wo bist du denn? Wir suchen dich/dir schon seit fünf Minuten.
   • Seht ihr mich/mir denn nicht? Ich stehe vor dem Eingang.
7. • Und? Wie war die Feier?
   • Ich fand sie/ihr gut, aber Fabian sagt, sie hat ihn/ihm nicht besonders gefallen.
8. • Ich danke dich/dir!
   • Gern geschehen.
9. • Entschuldigung, gehört die Tasche Sie/Ihnen?
   • Oh, vielen Dank! Ich habe sie/ihr wohl auf meinem Platz vergessen.
10. • Warten Sie, ich gebe Sie/Ihnen meine E-Mail-Adresse.
    • Okay, ich schicke Sie/Ihnen dann eine Mail, sobald ich mehr weiß.

→ *Auflösung Siehe nächste Seite*

TAG 66

Auflösung:

1 ihn 2 ihr 3 mir 4 Ihnen 5 ihnen
6 dich, mich 7 sie, ihm 8 dir 9 Ihnen, sie
10 Ihnen, Ihnen

Erfolgs-Check

Übung absolviert am:

	fiel mir leicht	möchte ich wiederholen
_____	☐	☐
_____	☐	☐
_____	☐	☐

Jeden Tag ein bisschen ...
DEUTSCH
TAG 67

A. Maskulinum, Femininum oder Neutrum?
Tragen Sie die Wörter in die Tabelle ein.

Bart – Brille – Haare – Mann – Mütze – Gesicht – Nase – Zähne – Frau – Augen – Lippen – Minirock – Strumpfhose – Jacke

Mask.	Neutr.	Fem.	Plural

B. Welche Adjektive passen?
Ergänzen Sie die Texte mit den richtigen Adjektivformen.

1 Die Polizei sucht einen ca. _____ (25-jährig) Mann.
   Er hat _____ (blond), _____ (lockig) Haare und einen
   _____ (kurz) Bart. Zum Zeitpunkt der Tat trug er eine
   _____ (blau) Mütze und eine _____ (rund) Sonnenbrille.
   Er ist ca. 1,80 m _____ (groß) und _____ (schlank), hat
   ein sehr _____ (schmal) Gesicht, eine _____ (klein)
   Nase und sehr _____ (schief) Zähne.

2 Wer hat letzten Montag diese ca. 40 Jahre _____ (alt) Frau gesehen?
   Sie hat _____ (rot) _____ (glatt) Haare, die sie sehr
   _____ (lang) trägt, und _____ (grün) Augen. Sie hatte
   _____ (lila) _____ (geschminkt) Lippen. Ihre Kleidung war
   sehr _____ (bunt). Sie trug einen _____ (gelb) Minirock
   und eine _____ (pink) Strumpfhose, dazu eine _____
   (geblümt) Jacke.

→ *Auflösung Siehe nächste Seite*

TAG 67

Auflösung:

A. **Mask.:** Bart, Mann, Minirock
   Neutr.: Gesicht
   Fem.: Brille, Mütze, Nase, Frau, Strumpfhose, Jacke
   Plural: Haare, Zähne, Augen, Lippen

B. **1**
   25-jährigen – blonde – lockige – kurzen – blaue – runde – groß – schlank – schmales – kleine – schiefe

   2
   alte – rote – glatte – lang – grüne – lila – geschminkte – bunt – gelben – pinke – geblümte

Erfolgs-Check

Übung absolviert am:

	fiel mir leicht	möchte ich wiederholen
_____	☐	☐
_____	☐	☐
_____	☐	☐

Jeden Tag ein bisschen ...
DEUTSCH

TAG 68

A. Was sagt man nicht in diesen Situationen? Je ein Ausdruck ist falsch, markieren Sie ihn.

1 **der Geburtstag:**
   Herzlichen Glückwunsch – Alles Gute – Gute Besserung

2 **die Krankheit:**
   Mein Beileid – Gute Besserung – Werde schnell wieder gesund

3 **die Beerdigung:**
   Es tut mir so leid – Gute Besserung – Mein Beileid

4 **die Hochzeit:**
   Alles Gute – Herzlichen Glückwunsch – Schönen Tag noch

5 **die Reise:**
   Pass auf dich auf – Gute Reise – Herzlichen Glückwunsch

6 **der Abschied:**
   Schönen Tag noch – Mach's gut – Gute Besserung

7 **die Einweihungsparty:**
   Schöne Wohnung – Danke für die Einladung – Mach's gut

B. Ergänzen Sie das Datum.

1 Die Hochzeit von Leni und Maguru ist am _____. (18.5.)

2 Lisas Geburtstag ist am _____. (1.9.)

3 Am _____ (3.7.) feiern wir unsere Einweihungsparty.

4 Meine Tante ist am _____ (26.10.) gestorben.
   Die Beerdigung war am _____. (31.10.)

5 Fahrt ihr schon am _____ (20.6.) in den Urlaub?

→ *Auflösung Siehe nächste Seite*

TAG 68

Auflösung:

A. 1 Gute Besserung
   2 Mein Beileid
   3 Gute Besserung
   4 Schönen Tag noch
   5 Herzlichen Glückwunsch
   6 Gute Besserung
   7 Mach's gut

B. 1 achtzehnten Fünften/Mai
   2 ersten Neunten/September
   3 dritten Siebten/Juli
   4 sechsundzwanzigsten Zehnten/Oktober, einunddreißigsten Zehnten/Oktober
   5 zwanzigsten Sechsten/Juni

Erfolgs-Check

Übung absolviert am: fiel mir leicht   möchte ich wiederholen

....   ☐   ☐

....   ☐   ☐

....   ☐   ☐

Jeden Tag ein bisschen ...
DEUTSCH

TAG 69

1 Welche Verbform passt?
Ich _____ gestern leider nicht kommen, ich hatte so viel Arbeit!

- **a** könnte
- **b** kannte
- **c** konnte

2 Ergänzen Sie die Definition.
Ein Hügel ist ...

- **a** ein kleiner Fluss.
- **b** ein kleiner Berg.
- **c** ein Teil von einem Baum.

3 Welches Verb hat kein Dativobjekt?

- **a** anrufen
- **b** helfen
- **c** gefallen

4 Ergänzen Sie den Satz.
Die Frau trägt einen _____ Rock.

- **a** lange
- **b** langes
- **c** langen

5 Wann sagt man nicht *Herzlichen Glückwunsch*?

- **a** zum Geburtstag
- **b** zur Hochzeit
- **c** zur Beerdigung

→ *Auflösung
Siehe nächste Seite*

TAG 69

Auflösung:

1 c – 2 b – 3 a – 4 c – 5 c

Erfolgs-Check

Übung absolviert am:

fiel mir leicht / möchte ich wiederholen

_____

_____

_____

Jeden Tag ein bisschen ...
DEUTSCH

TAG 70

Feiertage und Feste

Feste und Feiertage[1] gibt es in Deutschland wie *Sand am Meer*[2]. Viele Feiertage kommen aus der christlichen Religion, wie Ostern oder Weihnachten. Diese Festtage verbringen viele Leute gemeinsam mit der Familie. Neben den *bundesweiten*[3] Feiertagen haben viele Städte und Regionen aber auch ihre eigenen Feste.

Den gesamten Sommer über finden in Dörfern und Städten *Volksfeste* statt. Für einige Tage werden Karussells, Essensbuden, Bühnen oder Marktstände aufgebaut und die Menschen verbringen viel Zeit im Freien[4]. Das wohl größte und bekannteste Volksfest in Deutschland ist das Münchner *Oktoberfest*, das ganze zwei Wochen dauert.

Aber nicht nur in Bayern wird gerne gefeiert. Sehr beliebt ist auch die sogenannte fünfte Jahreszeit, der *Karneval*, der besonders im Rheinland (Düsseldorf, Köln, Mainz ...) gefeiert wird. Jedes Jahr kommen tausende *Narren*[5] in kreativen Kostümen in die Region, feiern zusammen Karneval und geben sich die typischen *Bützje*[6].

Den besten Eindruck von den deutschen Festen bekommt man, wenn man einmal selbst daran teilnimmt. Wenn Sie also gerade in Deutschland sind, Augen auf: Irgendein Fest findet bestimmt gerade statt!

1 Feiertag = (Gedenk-)Tag, an dem man nicht arbeiten muss
2 in großer Zahl
3 in ganz Deutschland
4 draußen
5 hier: Karnevalsteilnehmer
6 kölnisch: freundschaftliches Küsschen

Jeden Tag ein bisschen ...
DEUTSCH
TAG 71

A. Wie heißen die Adjektive und die dazugehörigen Substantive? Ordnen Sie die Buchstaben und schreiben Sie die Wörter.

	Adjektive	Substantive
1	RITRUAG	die RAUTER
2	NTDÜWE	die TUW
3	GNEEVRT	der VREN
4	GSTÄLICHN	die GSTAN
5	RFÖLHCHI	die FEDUER
6	STREGETSS	der TRSSES

B. Welche Adjektive aus A passen zu den Bildern? Ordnen Sie zu.

_____   _____   _____   _____

→ *Auflösung Siehe nächste Seite*

TAG 71

Auflösung:

A. 1 traurig, die Trauer
2 wütend, die Wut
3 genervt, der Nerv
4 ängstlich, die Angst
5 fröhlich, die Freude
6 gestresst, der Stress

B. fröhlich – ängstlich – wütend – traurig

Erfolgs-Check

Übung absolviert am:

	fiel mir leicht	möchte ich wiederholen
....	☐	☐
....	☐	☐
....	☐	☐

Jeden Tag ein bisschen ...
DEUTSCH

TAG 72

A. In der Umkleidekabine. Welches Wort passt?

1. • Und? Was meinst du – **gefällt/steht/passt** mir die Farbe?
   • Hm, ich weiß nicht. Ich finde, rot **sieht/steht/passt** besser zu dir.
   • Ehrlich? Schade, ich **gefalle/mag/möchte** grün lieber.

2. • Oh nein, das T-Shirt ist mir viel zu **schmal/schlank/eng**!
   • Soll ich es dir mal eine Nummer **weiter/größer/länger** holen?
   • Aber das ist ja schon **Größe/Nummer/Taille** XL.

3. • Ich weiß nicht, ob ich den Rock bei einem Bewerbungsgespräch **kleiden/tragen/anprobieren** kann. Ist er nicht ein bisschen zu **tief/kurz/niedrig**?
   • Nein, das finde ich nicht. Zieh **dazu/dahinter/dazwischen** einfach eine Strumpfhose an.

B. An der Kasse. Welche Wörter passen?
Ordnen Sie zu und ergänzen Sie die richtige Verbform.

passen – anprobieren – gefallen – umtauschen – bestellen

• Guten Tag. Ich möchte diese Hose _____.
• Ja natürlich, kein Problem. ... _____ sie Ihnen doch nicht?
• Doch schon, aber leider _____ sie nicht. Sie ist zu groß.
• Ach so. Sie können sie natürlich gern in einer anderen Größe _____.
• Haben Sie die Hose denn auch in Größe 40?
• Moment, ich sehe mal nach. – Leider haben wir die Hose nicht mehr in Größe 40 auf Lager. Ich kann sie Ihnen aber _____.
• Ja gut, dann komme ich nächste Woche wieder. Vielen Dank.

➡ Auflösung
Siehe nächste Seite

TAG 72

Auflösung:

A. 1 steht – passt – mag
2 eng – größer – Größe
3 tragen – kurz – dazu
B. umtauschen – Gefällt – passt – anprobieren – bestellen

Erfolgs-Check

Übung absolviert am:

	fiel mir leicht ↓	möchte ich wiederholen ↓
....	☐	☐
....	☐	☐
....	☐	☐

Jeden Tag ein bisschen ...
DEUTSCH TAG 73

Am Fahrkartenschalter: Ergänzen Sie den Dialog.

dann – ob (4×) – wann – was – wenn – wie (2×) – wie viel

- Guten Tag. Könnten Sie mir bitte sagen, _____ teuer eine Fahrkarte nach München ist?
- Wissen Sie denn schon, _____ Sie fahren möchten?
- Am Montag in zwei Wochen.
- Nur hin oder auch zurück?
- _____ bitte?
- Ich habe gefragt, _____ Sie nur eine Hinfahrkarte oder auch eine Rückfahrkarte möchten.
- Ach so. Nur hin, bitte.
- Und um _____ Uhr wollen Sie fahren?
- _____ es geht, möchte ich vor 13 Uhr dort sein.
- Sagen Sie mir doch bitte, _____ Sie eine Bahncard haben.
- Ja, habe ich.
- _____ könnte ich Ihnen den ICE anbieten, Ankunft um 12.49 in München.
- Ja gut, aber ich würde jetzt gern wissen, _____ die Fahrt kostet.
- Mit der Bahncard macht das 69 Euro.
- In Ordnung. Dann nehme ich die Fahrkarte.
  Oh, warten Sie, ich weiß gar nicht, _____ ich genug Geld dabei habe. Können Sie mir bitte sagen, _____ ich auch mit Kreditkarte bezahlen kann?
- Ja, natürlich, das ist kein Problem.

→ *Auflösung Siehe nächste Seite*

TAG 73

Auflösung:

wie – wann – Wie – ob – wie viel –
Wenn – ob – Dann – was – ob – ob

Erfolgs-Check

Übung absolviert am:

fiel mir leicht / möchte ich wiederholen

Jeden Tag ein bisschen ...
DEUTSCH

TAG 74

A. Klassentreffen: Ergänzen Sie die Reflexivpronomen.

1. Ich muss _____ beeilen, damit ich nicht zu spät komme.
2. Erinnerst du _____ noch an Nicole?
   Sie war mit uns in der ersten Klasse.
3. Ralfs Frau arbeitet ziemlich viel und er kümmert _____ um die Kinder.
4. Unsere Lehrerin hat _____ mindestens dreimal für die Blumen bedankt. Sie hat _____ sehr darüber gefreut.
5. Was haben denn Christoph und Marco studiert?
   Die beiden konnten _____ doch nie entscheiden.
6. Und? Habt ihr _____ amüsiert bei eurem Klassentreffen?
7. Ja, es war wirklich lustig, wir haben _____ alle eigentlich gar nicht verändert.

B. Akkusativ oder Dativ? Markieren Sie das richtige Reflexivpronomen.

1. Zum Geburtstag wünsche ich mich/mir einen neuen Fußball.
2. Hast du dich/dir schon bei Ingrid entschuldigt?
3. Siehst du dich/dir mit mir die Ausstellung im Naturkundemuseum an?
4. Gestern habe ich mich/mir ein neues Auto gekauft.
5. Ich habe mich/mir gestern sehr über meinen Kollegen geärgert.
6. Ich dachte, du wolltest dich/dir eine Fahrkarte besorgen.

→ Auflösung
Siehe nächste Seite

TAG 74

Auflösung:

A. 1 mich 2 dich 3 sich 4 sich, sich
   5 sich 6 euch 7 uns
B. 1 mir 2 dich 3 dir 4 mir
   5 mich 6 dir

Erfolgs-Check

Übung absolviert am:

	fiel mir leicht	möchte ich wiederholen
_____	☐	☐
_____	☐	☐
_____	☐	☐

Jeden Tag ein bisschen ...
DEUTSCH

TAG 75

A. Welche Wörter passen zu den Bildern? Ordnen Sie zu.

> über ... – die erste Straße links – an ... vorbei –
> die zweite Straße rechts – geradeaus – bis zu ... – gegenüber ...

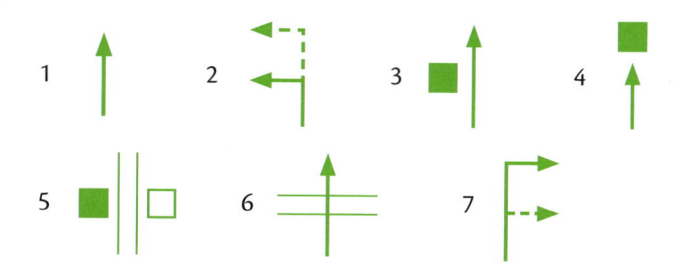

1   2   3   4
5   6   7

B. Ergänzen Sie den Dialog.

> beginnt – gegenüber – hier – Kirche – Metern – nach – Platz – Straße – über

- Entschuldigung, könnten Sie mir sagen, wo die Weberstraße ist?
- Die Weberstraße? Warten Sie mal ... Also, gehen Sie _____

  geradeaus, an der _____ vorbei und danach die zweite

  _____ links. Dann nehmen Sie _____ etwa

  50 _____ die erste Straße rechts. Das ist die Schneiderstraße.

  Sie kommen dann zum Pestalozzi-_____.

  Gehen Sie _____ den Platz. _____ der Schneiderstraße

  _____ die Weberstraße.

- Gut, vielen Dank.
- Keine Ursache.

→ *Auflösung
Siehe nächste Seite*

TAG 75

Auflösung:

A. **1** geradeaus **2** die erste Straße links
   3 an ... vorbei **4** bis zu ... **5** gegenüber
   6 über ... **7** die zweite Straße rechts
B. hier – Kirche – Straße – nach – Metern –
   Platz – über – Gegenüber – beginnt

Erfolgs-Check

	fiel mir leicht ↓	möchte ich wiederholen ↓
Übung absolviert am:		
_____	☐	☐
_____	☐	☐
_____	☐	☐

Jeden Tag ein bisschen ...
DEUTSCH
TAG 76

1 Welches Gefühl ist positiv?

   a die Freude

   b die Trauer

   c die Angst

2 Ergänzen Sie den Satz.
In einem Kleidungsgeschäft kann man ...

   a etwas passen, etwas stehen, etwas gefallen.

   b etwas kleiden, etwas tauschen, etwas versuchen.

   c etwas umtauschen, etwas anprobieren, etwas bestellen.

3 Welches Wort passt nicht?
Weißt du schon, _____ du nach Dresden fährst?

   a wenn

   b wann

   c ob

4 Welches Pronomen ist in diesem Satz nicht korrekt?
Ingrid hat _____ ein Buch gekauft.

   a mich

   b sich

   c mir

5 Was kann man sagen?

   a Nehmen Sie die erste Straße links.

   b Nehmen Sie gegenüber der Kirche.

   c Nehmen Sie den Platz geradeaus.

→ *Auflösung
Siehe nächste Seite*

TAG 76

Auflösung:

1 a – 2 c – 3 a – 4 a – 5 a

Erfolgs-Check

Übung absolviert am:	fiel mir leicht ↓	möchte ich wiederholen ↓
....	☐	☐
....	☐	☐
....	☐	☐

Österreich

Österreich, das sind schneebedeckte Berge, große Seen, originelle *Trachten*[1], feine Sachertorte und blühendes *Edelweiß*[2]. Aber genug der Stereotype! Dieses kleine Land hat selbstverständlich sehr viel mehr zu bieten als das zuvor Genannte.

So zum Beispiel seine Multikulturalität: Aufgrund seiner Geschichte findet man in Österreich viele Einflüsse aus verschiedenen Kulturen und Ländern wie Ungarn, Kroatien, Slowenien oder Bosnien. Dies zeigt sich heute mit *Seitzergasse*[3] in Straßennamen und *Letscho*[4] in der österreichischen Küche.

Meist werden sie erst außerhalb Österreichs richtig berühmt, aber die Liste talentierter und erfolgreicher Schauspieler und Filmemacher in diesem Land ist lang: Billy Wilder, Fritz Lang, Peter Lorre, Klaus Maria Brandauer oder Hedy Lamarr. Weiter geht es mit Michael Haneke, Christoph Waltz und nicht zuletzt Arnold Schwarzenegger! Unvergessen auch „Der dritte Mann", der im Wien der Nachkriegszeit gefilmt wurde. Noch heute zeigt das Burg Kino diesen Film einmal pro Woche.

Trotzdem ist es natürlich immer noch möglich, sich bei Melange[5] und *Apfelstrudel*[6] stundenlang in einem der alten Kaffeehäuser die Zeit zu vertreiben. Manche Dinge ändern sich eben nie.

1 traditionelle Kleidung
2 Blume mit weißen Blüten, die in den Bergen wächst
3 benannt nach der slowenischen Stadt Seitz (heute Seiz)
4 ungarische Speise aus Paprika, Tomaten und Zwiebeln
5 österreichisch: Milchkaffee
6 Gebäck mit einer Füllung aus Äpfeln, Rosinen und Nüssen

Jeden Tag ein bisschen ...
DEUTSCH

TAG 78

Im Haushalt: Wie heißen diese Tätigkeiten?

Waagerecht:
1. Wenn die Kleidung schmutzig ist, muss man sie _____.
2. Die nassen Teller muss man mit einem Geschirrtuch _____.
3. Bevor man die Wäsche in den Schrank legt, muss man sie _____.
4. Wenn es unordentlich ist, muss man _____.
5. Nach dem Essen das Geschirr wegräumen: den Tisch _____.
6. Nach dem Essen ist das Geschirr schmutzig, man muss es _____.
7. Wenn es schmutzig ist, muss man _____.
8. Das macht man, damit die Kleidung glatt und ordentlich aussieht.
9. Vor dem Essen das Geschirr auf den Tisch stellen: den Tisch _____.
10. Damit sie trocken wird, muss man Wäsche _____.

Senkrecht:
11. Mit einem elektrischen Gerät den Boden sauber machen.

→ *Auflösung Siehe nächste Seite*

TAG 78

Auflösung:

Waagerecht:
1 waschen 2 abtrocknen 3 falten
4 aufräumen 5 abräumen 6 spülen
7 putzen 8 bügeln 9 decken 10 aufhängen
Senkrecht:
11 staubsaugen

Erfolgs-Check

Übung absolviert am:

fiel mir leicht | möchte ich wiederholen

Jeden Tag ein bisschen ...
DEUTSCH

TAG 79

A. Welches Verb passt? Ergänzen Sie.

hängt (2×) – legt – liegt – setzt – sitzt – steht – stellt

1 Die Lehrerin _____ den Stadtplan an die Wand.
2 Michael _____ die Blumenvase ins Regal.
3 Judith _____ das Wörterbuch auf den Tisch.
4 Moritz _____ die Katze ans Fenster.
5 Der Mantel _____ im Schrank.
6 Die Waschmaschine _____ im Keller.
7 Die Zeitung _____ unter dem Sofa.
8 Frau Winter _____ an ihrem Schreibtisch.

B. Schreiben Sie die fehlenden Formen in die Tabelle.

Infinitiv	3. Person Präsens	Präteritum	Partizip Perfekt
sitzen	sitzt	saß	
setzen	setzt		gesetzt
stehen	steht	stand	
stellen	stellt	stellte	
liegen	liegt	lag	
legen	legt	legte	
hängen	hängt		gehangen
hängen	hängt	hängte	

→ *Auflösung Siehe nächste Seite*

TAG 79

Auflösung:

A. 1 hängt 2 stellt 3 legt 4 setzt
   5 hängt 6 steht 7 liegt 8 sitzt
B. gesessen – setzte – gestanden – gestellt –
   gelegen – gelegt – hing – gehängt

Erfolgs-Check

	fiel mir leicht	möchte ich wiederholen
Übung absolviert am:	↓	↓
....	☐	☐
....	☐	☐
....	☐	☐

Jeden Tag ein bisschen ...
DEUTSCH

TAG 80

A. In der Autowerkstatt: Markieren Sie die richtigen Wörter.

- Guten Tag. Ich möchte mein Auto abholen/wegnehmen/suchen.
- Den roten Golf?
- Ja genau. Ist er richtig/fertig/klar?
- Moment, ich muss mal nachsehen. Hm, leider nicht. Wir mussten noch ein Werkzeug/Ersatzteil/Problem bestellen.
- Wie bitte? Warum haben Sie mir denn nicht Unterschied/Bescheid/Nachricht gesagt?
- Das wollten wir ja, aber die Telefonnummer, die Sie uns aufgeschrieben/verschrieben/beschrieben haben, war wohl falsch ...
- Was? Zeigen Sie mal! Tatsächlich ...
- Ja, also, wie gesagt, morgen können Sie ihr Auto wieder abnehmen/annehmen/mitnehmen.

B. Was gehört nicht zu einem Auto? Markieren Sie.

> der Gürtel – der Kofferraum – der Scheibenwischer –
> der Kofferträger – das Lenkrad – die Rückbank – die Bremse –
> der Gurt – der Dachgepäckträger – der Dachdecker –
> das Wischtuch – das Gelenk – die Rücksicht – der Rückspiegel –
> der Ersatzreifen – das Handschuhfach

→ *Auflösung
Siehe nächste Seite*

TAG 80

Auflösung:

A. abholen – fertig – Ersatzteil – Bescheid – aufgeschrieben – mitnehmen
B. Gürtel – Kofferträger – Dachdecker – Wischtuch – Gelenk – Rücksicht

Erfolgs-Check

Übung absolviert am:

	fiel mir leicht	möchte ich wiederholen
_____	☐	☐
_____	☐	☐
_____	☐	☐

Jeden Tag ein bisschen ...
DEUTSCH
TAG 81

A. Ergänzen Sie die passenden Formen des Possessivartikels *mein*.

1 Ich schenke _____ Freundin zum Geburtstag eine Konzertkarte für Coldplay.

2 _____ Kinder heißen Julia und Felix.

3 Wo ist denn _____ Vater? Hast du _____ Vater gesehen?

4 Mit _____ Auto stimmt etwas nicht. Ich glaube, es ist kaputt.

5 _____ Freundin kommt immer zu spät. Das nervt wirklich!

6 Ich möchte _____ Auto abholen. Ist es fertig?

7 Ich habe _____ Kindern gesagt, dass sie hier auf mich warten sollen.

B. Wie heißen die Formen des Possessivartikels *mein*?
Ergänzen Sie die Tabelle mit den Formen aus A.

	Nominativ	Akkusativ	Dativ
Mask.	_____ Vater	_____ Vater	meinem Vater
Neutr.	mein Auto	_____ Auto	_____ Auto
Fem.	_____ Freundin	meine Freundin	_____ Freundin
Plural	_____ Kinder	meine Kinder	_____ Kindern

→ *Auflösung Siehe nächste Seite*

TAG 81

Auflösung:

A. **1** meiner **2** meine **3** mein, meinen
   4 meinem **5** meine **6** mein **7** meinen

B. **Mask.:** mein, meinen, meinem
   Neutr.: mein, mein, meinem
   Fem.: meine, meine, meiner
   Plural: meine, meine, meinen

Erfolgs-Check

	fiel mir leicht	möchte ich wiederholen
Übung absolviert am:	☐	☐
	☐	☐
	☐	☐

Jeden Tag ein bisschen ...
DEUTSCH

TAG 82

A. Welche Wörter passen zu den Bildern? Ordnen Sie zu.

anbraten – kochen – schälen – schneiden – streuen – würzen

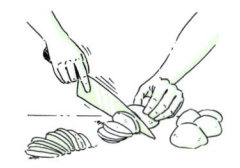

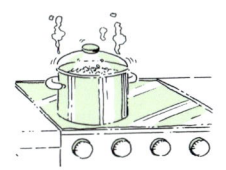

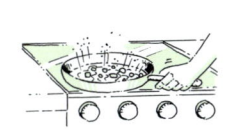

**B. Ein Rezept für Bratkartoffeln mit Speck:
Ergänzen Sie die passenden Verben aus A in der Passivform.**

Zuerst ____*werden*____ die Kartoffeln ____*geschält*____ und in Scheiben

_____. Dann _____ sie 20 Minuten in Salzwasser

_____. In der Zwischenzeit _____ der Speck, die

Zwiebel und die Petersilie _____. Anschließend _____

der Speck und die Zwiebel in Butter _____ und die gekochten

Kartoffeln dazugegeben. Alles _____ mit Salz und Pfeffer

_____. Zum Schluss _____ die Petersilie über

die Kartoffeln _____ und das Essen serviert. Guten Appetit!

→ Auflösung
Siehe nächste Seite

TAG 82

Auflösung:

A. schälen – schneiden – kochen –
anbraten – würzen – streuen

B. geschnitten – werden – gekocht –
werden – geschnitten – werden –
angebraten – wird – gewürzt –
wird – gestreut

Erfolgs-Check

Übung absolviert am:

	fiel mir leicht	möchte ich wiederholen
....	☐	☐
....	☐	☐
....	☐	☐

Jeden Tag ein bisschen ...
DEUTSCH

TAG 83

1 Statt *sauber machen* sagt man auch ...

    a putzen.

    b abräumen.

    c bügeln.

2 Was ist richtig?
Anna hat die Flasche auf den Tisch _____.

    a gestanden

    b gesetzt

    c gestellt

3 In der Werkstatt: Was kann man nicht sagen?

    a Können Sie mein Auto wegnehmen?

    b Ich möchte mein Auto abholen.

    c Ist mein Auto fertig?

4 Welche Form des Possessivartikels passt?
Ich habe _____ Bruder nicht gesagt, dass ich komme.

    a meinen

    b meinem

    c mein

5 Was fehlt hier?
Zuerst _____ die Kartoffeln _____.

    a wird ... gekocht

    b werden ... gekochen

    c werden ... gekocht

→ *Auflösung*
Siehe nächste Seite

TAG 83

Auflösung:

1 a – 2 c – 3 a – 4 b – 5 c

Erfolgs-Check

Übung absolviert am:

	fiel mir leicht	möchte ich wiederholen
	☐	☐
	☐	☐
	☐	☐

Jeden Tag ein bisschen ...
Deutsch
TAG 84

Dialekte in den deutschsprachigen Ländern

Semmel, *Schrippe* oder *Rundstück*[1] – was ist nun eigentlich das richtige Wort? Das ist nicht leicht zu beantworten, denn es ist immer davon abhängig, wo man gerade ist. In den verschiedenen Städten und Regionen Deutschlands gibt es eine Vielzahl von Dialekten und in jedem existieren spezifische Wörter. Während man in Hamburg mit seiner besten Freundin beim Kaffeetrinken *schnackt*, *schwatzen* die Bremer auf dem Markt oder *schwätzen*[2] die Stuttgarter Kollegen in der Mittagspause.

Nicht nur innerhalb Deutschlands fallen die sprachlichen Unterschiede auf. Reist man in die deutschsprachigen Regionen der Schweiz oder nach Österreich, hört man plötzlich von einem *Zmorge* (schweizerisch: Frühstück) oder einem *Häferl* (österreichisch: Tasse).

Auch in Aussprache (= Phonetik) und Grammatik findet man viele regionale Besonderheiten. So heißt zum Beispiel „gut" in Berlin „jut" oder „was" in Dortmund „wat". Die in der deutschsprachigen Schweiz gesprochenen Dialekte (*Schweizerdeutsch*) unterscheiden sich sogar in Wortschatz, Grammatik und Aussprache so stark vom *Hochdeutschen*, dass die Deutschen sie kaum verstehen können. Aber keine Sorge: Sie müssen nicht alle Dialekte lernen! In allen Regionen Deutschlands (sowie in Österreich und der deutschsprachigen Schweiz) versteht man Sie auch, wenn Sie Hochdeutsch sprechen.

1 Semmel, Schrippe, Rundstück: bayrisch, berlinisch, hamburgisch für Brötchen
2 schnacken, schwatzen, schwätzen: hamburgisch, norddeutsch, süddeutsch für reden

Jeden Tag ein bisschen ...
Deutsch

TAG 85

Rund ums Geld: Ergänzen Sie die passenden Wörter.

1 Gibt es hier in der Nähe einen Geldautomaten? Ich muss unbedingt Geld _____ BAHBENE.

2 Ich finde, man sollte nicht zuviel Geld für Kleidung _____ SUAGBENE. Für mich ist das _____ VRESCHEWNUDNG.

3 Nimmt der Fahrkartenautomat auch _____ SHCIEEN? Ich habe nämlich keine _____ MNÜNZE.

4 Europas _____ WHÄRNUG heißt Euro.

5 • Gibst du kein _____ TIRNKGLDE?

• Nein, der Kellner war so unfreundlich.

6 Kannst du mir vielleicht Geld _____ LIEEHN? Ich habe mein Portemonnaie vergessen.

7 Eigentlich _____ PSNEDE ich nie Geld. Aber dieses Projekt von Amnesty International ist wirklich gut.

8 Können wir das Hotelzimmer mit _____ RKEDTIKRATE _____ BZAHELEN?

9 Sie können _____ ABR _____ LZHANE oder das Geld auf unser _____ KTNOO _____ BRÜEWISENE.

10 Ich frage mal die Frau, ob sie mir Geld _____ WCHSLENE kann. Ich habe kein _____ LKIENGLDE.

→ *Auflösung Siehe nächste Seite*

TAG 85

Auflösung:

1 abheben 2 ausgeben, Verschwendung
3 Scheine, Münzen 4 Währung 5 Trinkgeld
6 leihen 7 spende 8 Kreditkarte, bezahlen
9 bar, zahlen, Konto, überweisen
10 wechseln, Kleingeld

Erfolgs-Check

Übung absolviert am: fiel mir   möchte ich
                             leicht   wiederholen

Jeden Tag ein bisschen ...
Deutsch

TAG 86

A. In diesem Buchstabensalat sind 9 Imperativformen versteckt. Finden Sie sie. Die Infinitive helfen.

```
F E Q G R Z S M S N
C Q S P R I C H Ö I
S F C E G H H E R M
D L H I Ä M L T N M
K F R A G N A H M C
M U E W E T F A H R
H J I Ä H T S B N D
G I B F V G D C H L
Ü S S Z L I E S Ö I
```

fahren
fragen
geben
gehen
lesen
nehmen
schlafen
schreiben
sprechen

B. Ergänzen Sie die Sätze mit den Imperativformen aus A.

1 _____ doch den Verkäufer, ob es die Hose auch in schwarz gibt.

2 Bitte _____ jetzt endlich, sonst bist du morgen so müde.

3 Bist du verrückt? _____ langsamer! Hier sind nur 30 km/h erlaubt.

4 Schönen Urlaub! Und _____ mir eine Postkarte!

5 _____ jetzt in dein Zimmer und räum auf!

6 _____ das Buch doch selbst, wenn es dich so interessiert.

7 Wir sind hier in einer Bibliothek – _____ bitte leise!

8 _____ doch noch Gemüse! Es ist genug da.

9 _____ mir mal bitte meine Tasche.

→ Auflösung
Siehe nächste Seite

TAG 86

Auflösung:

A.+B.

1 Frag 2 schlaf 3 Fahr 4 schreib 5 Geh
6 Lies 7 Sprich 8 Nimm 9 Gib

Erfolgs-Check

Übung absolviert am:

fiel mir leicht möchte ich wiederholen

☐ ☐
☐ ☐
☐ ☐

Jeden Tag ein bisschen ...
DEUTSCH TAG 87

A. Wie heißen die Verbformen im Konjunktiv II?

1 ich bin – ich _____ RÄEW
2 ich habe – ich _____ THÄTE
3 ich muss – ich _____ ÜSSETM
4 ich kann – ich _____ KNNÖTE
5 ich soll – ich _____ OSLTLE
6 ich will – ich _____ WLOLET
7 ich darf – ich _____ DRÜTFE

B. Johannas Traum: Ergänzen Sie die richtigen Verbformen.

dürfte – dürften – hätte (2×) – könnte – müsste – müssten – wäre (2×) – wären

Ach, wenn ich doch eine berühmte Schauspielerin _____! Dann würde ich in Hollywood leben. Ich _____ mit einem steinreichen Rockstar verheiratet und _____ nur einmal im Jahr einen Film drehen. Den Rest der Zeit _____ ich in meinem Garten am Pool liegen, schwimmen und mit meinen fünf Hunden und acht Katzen spielen. Ich _____ eine Villa mit 20 Zimmern, drei verschiedene Autos und 150 Paar Schuhe. Meine Bodyguards _____ die besten der Welt. Sie _____ 24 Stunden das Haus bewachen und _____ niemandem erzählen, wo ich wohne. Ich _____ zwar nicht mehr viele Freunde und _____ fast nichts essen, damit ich schön dünn bleibe, aber na ja, man kann ja nicht alles haben ...

→ *Auflösung Siehe nächste Seite*

TAG 87

Auflösung:

A. 1 wäre 2 hätte 3 müsste 4 könnte
   5 sollte 6 wollte 7 dürfte

B. wäre – wäre – müsste – könnte (dürfte) –
   hätte – wären – müssten – dürften –
   hätte – dürfte (könnte)

Erfolgs-Check

Übung absolviert am:

	fiel mir leicht	möchte ich wiederholen
_____	☐	☐
_____	☐	☐
_____	☐	☐

Jeden Tag ein bisschen ...
DEUTSCH

TAG 88

A. Ergänzen Sie die Formen von *werden*.

	werden
ich	
du	
er/sie/es	
wir	
ihr	
sie/Sie	

B. Ergänzen Sie nun die Formen von *werden* aus A. Markieren Sie, welche Funktion *werden* hat: Futur (F), Passiv (P) oder Vollverb (V).

1	Im Jahr 2100 _____ es auf der Erde große Probleme mit dem Trinkwasser geben.	F
2	Ich _____ von einem Kollegen am Flughafen abgeholt.	
3	Heute, am Tag vor dem Finale, _____ die Fußballer langsam nervös.	
4	In ein paar Jahren _____ ihr vielleicht verstehen, warum ich das machen musste.	
5	Wann _____ du mich denn endlich mal in München besuchen?	
6	Zuerst _____ der Apfel geschält und dann geschnitten.	
7	Wenn ich Liebesfilme sehe, _____ ich immer ganz schnell müde.	

→ *Auflösung Siehe nächste Seite*

TAG 88

Auflösung:

A. werde, wirst, wird, werden, werdet, werden

B. 1 wird – F
   2 werde – P
   3 werden – V
   4 werdet – F
   5 wirst – F
   6 wird – P
   7 werde – V

Erfolgs-Check

Übung absolviert am:

fiel mir leicht ↓
möchte ich wiederholen ↓

☐ ☐
☐ ☐
☐ ☐

Jeden Tag ein bisschen ...
DEUTSCH
TAG 89

Auf Wohnungssuche: Ergänzen Sie die passenden Wörter. Ein Wort passt nicht.

1 Besichtigungen – Makler – Provision – Vermieter – Vertrag – Wohnung

- Habt ihr eigentlich schon eine _____ gefunden?
- Nein, es ist wirklich schwierig. Wir waren schon bei mindestens 10 _____.
- Und, warum hat es noch nicht geklappt?
- Ach, meistens engagieren die _____ einen _____ und dann muss man eine ziemlich hohe _____ zahlen. Das ist uns einfach zu teuer.

2 Anzeige – Einbauküche – Erdgeschoss – Kaution – Monatsmieten – Vormieter – Zustand

- Guten Tag, ich rufe wegen ihrer _____ in der Berliner Zeitung an. Ist die Wohnung in der Zimmerstraße noch frei?
- Ja, die ist noch frei. Sie können sie sich heute ansehen, wenn Sie möchten.
- Gern, aber ich hätte noch ein paar Fragen: Wie hoch ist die _____?
- Drei _____. Das steht doch in der Anzeige!
- Aha. Und die Wohnung ist im _____?
- Ja, das ist richtig.
- Und muss man die _____ übernehmen?
- Das müssen Sie mit dem _____ besprechen.

→ *Auflösung Siehe nächste Seite*

TAG 89

Auflösung:

1 Wohnung – Besichtigungen – Vermieter – Makler – Provision
2 Anzeige – Kaution – Monatsmieten – Erdgeschoss – Einbauküche – Vormieter

Erfolgs-Check

Übung absolviert am:

	fiel mir leicht	möchte ich wiederholen
	☐	☐
	☐	☐
	☐	☐

Jeden Tag ein bisschen ...
DEUTSCH

TAG 90

1 Welches Wort kann man nicht einsetzen?
Musst du denn immer dein ganzes Geld für teure Sportschuhe _____?

- **a** verschwenden
- **b** ausgeben
- **c** spenden

2 Welcher Satz ist nicht korrekt?

- **a** Gibst du mir mal bitte meine Tasche?
- **b** Gib mir mal bitte meine Tasche!
- **c** Gebst du mir mal bitte meine Tasche?

3 Was passt nicht? Eine Antwort ist falsch.
Wenn ich ein Rockstar _____, _____ ich nie wieder im Büro arbeiten.

- **a** wäre – würde
- **b** würde – würde
- **c** wäre – müsste

4 Wie lautet die richtige Form von *werden*?
Nächstes Jahr _____ ich eine Weltreise machen.

- **a** wird
- **b** wirde
- **c** werde

5 Wie heißt das Wort?
Morgen haben wir eine Wohnungs_____.

- **a** -besichtigung
- **b** -besuch
- **c** -berichtigung

→ Auflösung
Siehe nächste Seite

TAG 90

Auflösung:
1 b – 2 c – 3 b – 4 c – 5 a

Erfolgs-Check

Übung absolviert am:

fiel mir leicht | möchte ich wiederholen

Jeden Tag ein bisschen ...
DEUTSCH

TAG 91

Die Schweiz

Nicht nur in Deutschland und Österreich spricht man Deutsch, auch in der Schweiz ist Deutsch eine *Amtssprache*[1]. Mehr als 60 % der Schweizer sprechen Deutsch als Hauptsprache, genauer gesagt verschiedene Dialekte, die man *Schweizerdeutsch* nennt.

Die Schweiz ist ein föderal organisierter Staat, die 26 *Kantone*[2] haben große Autonomie. Stolz sind die Schweizer auf ihre historisch gewachsene[3] direkte Demokratie (die Menschen entscheiden in *Volksabstimmungen*[4] über politische Fragen) und ihre Unabhängigkeit. Anders als Deutschland und Österreich gehört die Schweiz nicht zur Europäischen Union. Wichtige Wirtschaftszweige sind die Uhrenindustrie, die Banken und natürlich auch der Tourismus. Weil die Wirtschaft gut funktioniert, ist die Schweiz ein attraktives Land für Einwanderer: Ca. 20% der Schweizer Bevölkerung hat inzwischen einen ausländischen Pass.

Haben Sie übrigens schon einmal den Satz „Ich bin neutral wie die Schweiz." gehört? Man sagt ihn, wenn man sich nicht in den Streit zwischen zwei Personen *hineinziehen*[5] lassen möchte. Der Spruch kommt daher, dass die Schweiz dem Prinzip der Neutralität folgt. Das bedeutet, sie beteiligt sich nicht an *bewaffneten Konflikten* zwischen anderen Staaten. Das steht seit 1848 in der *Verfassung*[6] und heute ist dieser Grundsatz einer der wichtigsten der Schweizer Außenpolitik.

1 offizielle Sprache eines Landes
2 Region, Gebiet (politisch), vgl. Bundesland
3 hat sich mit der Zeit entwickelt
4 jeder Schweizer kann seine Stimme abgeben; wählen
5 verwickeln; beteiligen
6 Konstitution; Grundgesetz

Jeden Tag ein bisschen ...
DEUTSCH
TAG 92

Dumm gelaufen!
Ergänzen Sie *hätte* **oder** *wäre* **und das passende Partizip Perfekt.**

> aufgeregt – gegangen (3×) – gegessen – gemacht – gekommen (2×) – gesprochen – getroffen – gewesen (3×) – teilgenommen – unterhalten – verpasst – verschlafen (2×)

Wenn der Wecker nicht kaputt _____ _____,

_____ ich heute Morgen nicht _____.

Wenn ich nicht _____ _____, _____ ich nicht

den Bus _____. Dann _____ ich nicht zu Fuß zur Arbeit

_____ und _____ nicht auf dem Weg meinen alten Freund Peter

_____. Ich _____ mich nicht mit ihm _____

und _____ auch nicht 45 Minuten zu spät zur Arbeit _____.

Wenn ich nicht zu spät _____ _____, _____

mein Chef sich nicht _____. Ich _____ an der

Besprechung um 9 Uhr _____. Mein Kollege _____

dann nicht die Präsentation ohne mich _____. Vielleicht

_____ er dann auch nicht wütend auf mich _____.

Wenn er nicht wütend _____ _____, _____ er

sicher mit mir _____ und vielleicht _____ er sogar

mit mir mittagessen _____. Dann _____ ich nicht

alleine _____ und _____ auch nicht nach der Arbeit

alleine zur Bushaltestelle _____. So ein blöder Tag!

→ *Auflösung*
Siehe nächste Seite

TAG 92

Auflösung:

gewesen, wäre – hätte, verschlafen –
verschlafen, hätte – hätte, verpasst –
wäre, gegangen – hätte, getroffen –
hätte, unterhalten – wäre, gekommen –
gekommen, wäre – hätte, aufgeregt –
hätte, teilgenommen – hätte, gemacht –
wäre, gewesen – gewesen, wäre –
hätte, gesprochen – wäre, gegangen –
hätte, gegessen – wäre, gegangen

Erfolgs-Check

Übung absolviert am:

	fiel mir leicht	möchte ich wiederholen
....	☐	☐
....	☐	☐
....	☐	☐

Jeden Tag ein bisschen ...
DEUTSCH

TAG 93

A. Das Fahrrad: Wie heißen die Wörter? Ordnen Sie zu.

der Gepäckträger – die Kette – die Klingel – der Lenker –
das Licht – das Pedal – der Reifen – der Sattel – die Speiche

B. Wofür braucht man die folgenden Dinge? Ordnen Sie zu.

das Werkzeug – die Luftpumpe – das Schloss – das Öl – der Helm – der Korb

1 die Kette ölen: _____

2 bei Unfällen den Kopf schützen: _____

3 die Reifen aufpumpen: _____

4 das Fahrrad vor Dieben schützen: _____

5 Sachen transportieren: _____

6 ein kaputtes Teil reparieren: _____

→ *Auflösung
Siehe nächste Seite*

TAG 93

Auflösung:

A. 1 der Sattel 2 das Pedal 3 die Kette
4 der Lenker 5 der Reifen 6 die Klingel
7 der Gepäckträger 8 die Speiche
9 das Licht

B. 1 das Öl 2 der Helm 3 die Luftpumpe
4 das Schloss 5 der Korb 6 das Werkzeug

Erfolgs-Check

	fiel mir leicht	möchte ich wiederholen
Übung absolviert am:	↓	↓
....	☐	☐
....	☐	☐
....	☐	☐

Jeden Tag ein bisschen ...
DEUTSCH
TAG 94

A. Was passt? Ordnen Sie die Sätze zu.

1	Wir haben selten Zeit,	a	mit meinen Eltern essen.
2	Es macht meinem Kollegen Spaß,	b	mit anderen Leuten über seine Arbeit zu sprechen.
3	Heute Abend gehe ich	c	endlich seine Traumfrau finden.
4	Findet ihr es langweilig,	d	mit unseren Kindern zu essen.
5	Klaus möchte	e	bei einer Konferenz eine Präsentation machen.
6	Nächste Woche muss Jana	f	zu Hause zu bleiben?

B. Infinitiv mit oder ohne *zu*? Ergänzen Sie *zu*, wenn es nötig ist.

1 Barbara hasst es, ein _____ kaufen.

2 Im Flugzeug darf man sein Handy nicht _____ benutzen.

3 Ich finde es wichtig, den Müll _____ trennen.

4 Wir werden nächstes Jahr nach Stuttgart um _____ ziehen.

5 Johann versucht schon lange, mit dem Rauchen auf _____ hören.

6 Ich habe schon oft vergessen, meinen Schlüssel mit _____ nehmen.

→ *Auflösung Siehe nächste Seite*

TAG 94

Auflösung:

A. 1 d – 2 b – 3 a – 4 f – 5 c – 6 e
B. 1 einzukaufen 2 benutzen 3 zu trennen
   4 umziehen 5 aufzuhören 6 mitzunehmen

Erfolgs-Check

Übung absolviert am:

fiel mir leicht

möchte ich wiederholen

Jeden Tag ein bisschen ...
DEUTSCH

TAG 95

Computer und Internet: Lösen Sie das Kreuzworträtsel.

Waagerecht:

6 Auf der Seite der Schule kann man sich einige interessante Informationen _____.

8 Ich werde mein Profil _____. Ich brauche es nicht mehr.

9 Flora arbeitet als freiberufliche Übersetzerin. Natürlich hat sie auch eine eigene _____.

10 Wenn man möchte, dass der Computer Daten nicht „vergisst", muss man sie _____.

Senkrecht:

1 Musst du denn schon wieder im Internet _____? Ich dachte, wir essen jetzt zusammen.

2 Um das Video zu sehen, müssen Sie diesen Link _____.

3 Bevor wir zum Flughafen fahren, muss ich noch meine Bordkarte _____.

4 Der _____ ist viel zu klein! Man kann das ja gar nicht lesen.

5 Eine externe _____ sichert deine Daten, falls dein Computer kaputt geht.

7 Die Dokumente mit Übungen findest du im _____ „Grammatik".

→ *Auflösung Siehe nächste Seite*

TAG 95

Auflösung:

Waagerecht:
6 herunterladen 8 löschen
9 Internetseite 10 speichern

Senkrecht:
1 surfen 2 anklicken 3 drucken
4 Bildschirm 5 Festplatte 7 Ordner

Erfolgs-Check

Übung absolviert am:

	fiel mir leicht	möchte ich wiederholen
....	☐	☐
....	☐	☐
....	☐	☐

Jeden Tag ein bisschen ...
DEUTSCH
TAG 96

A. Welches Körperteil passt? Ergänzen Sie die Redewendungen.

Auge – Fuß – Nase – Kopf

1 Immer kommst du zu spät. Ich habe wirklich langsam die _____ voll.
2 Ich gehe schnell zur Toilette. Könntest du ein _____ auf meine Tasche haben?
3 Sarah hat heute richtig schlechte Laune! Sie ist wohl mit dem falschen _____ aufgestanden.
4 Meine Schüler sind nicht auf den _____ gefallen. Sie lernen wirklich schnell.

B. Welche Farbe passt? Ergänzen Sie die Ausdrücke.

grün – schwarz – rot – blau

1 Ich habe heute wirklich keine Lust, in die Schule zu gehen. Ich glaube, ich mache _____ .
2 Als Annettes Bruder ihr neues Auto gesehen hat, wurde er _____ vor Neid.
3 Du musst dir noch ein U-Bahn-Ticket kaufen. Oder willst du etwa _____ fahren?
4 Wenn Pavlas Kollegin mal wieder zu spät kommt, sieht Pavla jedes Mal _____ .

→ Auflösung
Siehe nächste Seite

TAG 96

Auflösung:

A. 1 Nase – 2 Auge – 3 Fuß – 4 Kopf
B. 1 blau – 2 grün – 3 schwarz – 4 rot

Erfolgs-Check

	fiel mir leicht ↓	möchte ich wiederholen ↓
Übung absolviert am:		
-------------------	☐	☐
-------------------	☐	☐
-------------------	☐	☐

Jeden Tag ein bisschen ...
DEUTSCH

TAG 97

1 Wie bildet man den Konjunktiv II in der Vergangenheit?
Wenn ich nicht verschlafen _____ , _____ ich nicht zu spät gekommen.

- a hätte – wäre
- b wäre – hätte
- c würde – hätte

2 Eins dieser Dinge braucht man nicht unbedingt zum Fahrradfahren. Welches ist es?

- a der Reifen
- b der Korb
- c der Sattel

3 Was kann man nicht sagen?

- a Ich gehe jetzt, meine Hausaufgaben zu machen.
- b Ich gehe jetzt meine Hausaufgaben machen.
- c Ich muss jetzt meine Hausaufgaben machen.

4 Am Computer: Was ist richtig?
Ich habe das Dokument _____ .

- a gedruckt
- b gedrückt
- c ausgedrückt

5 Welcher Ausdruck existiert nicht?

- a die Nase voll haben
- b blau machen
- c rot fahren

→ Auflösung
Siehe nächste Seite

TAG 97

Auflösung:

1 a – 2 b – 3 a – 4 a – 5 c

Erfolgs-Check

	fiel mir leicht	möchte ich wiederholen
Übung absolviert am:	↓	↓
_____	☐	☐
_____	☐	☐
_____	☐	☐

Handys mit Prestige

Wissen Sie, was ein Deutscher meint, wenn er von **Public Viewing** spricht? Dieses ursprünglich[1] englische Wort benutzt man im Deutschen (anders als im Englischen!) seit wenigen Jahren, wenn viele Menschen zusammen auf der Straße ein Fußballspiel im Fernsehen anschauen. Ihr Mobiltelefon nennen die Deutschen am liebsten „das **Handy**". Viele wissen gar nicht, dass dieses Wort im Englischen eine andere Bedeutung hat.

Beide Beispiele zeigen, dass englische Wörter im Deutschen so beliebt sind, dass man sie nicht nur in großer Zahl „kopiert" (wie **Babysitter**, **fair**, **Musical**, **DVD-Player**, **Computer**, **Internet**, **Chatroom**), sondern sogar neu „erfindet". Englisch hat im Deutschen **Prestige**, es klingt modern, also **„up to date"**. Die Tendenz, immer mehr englische Wörter zu benutzen, wird aber auch von vielen kritisiert. Man sagt zum exzessiven Gebrauch[2] von **Angliszismen** auch **„Denglisch"**.

Diese Kritik ist nicht neu, genauso wenig wie die Gewohnheit[3], Wörter aus anderen Sprachen ins Deutsche zu integrieren. Auch Französisch fanden die Deutschen lange sehr elegant und kultiviert und adaptierten Wörter wie **Cousin/Cousine**, **Portemonnaie**, **Chance**, **Recherche** und viele mehr. Andere „immigrierte" Wörter gibt es schon so lange, dass man kaum noch[4] weiß, dass sie aus einer anderen Sprache kommen, wie die Wörter aus dem Griechischen (**Bibliothek**, **Fotografie**, **Atmosphäre**) oder dem Lateinischen (**Familie**, **Industrie**, **Minister**), die auch in vielen anderen Sprachen benutzt werden.

1 am Anfang, früher
2 etwas benutzen, etwas anwenden
3 wenn man etwas immer so macht (Routine)
4 fast nicht mehr

Jeden Tag ein bisschen ...
DEUTSCH

Herzlichen Glückwunsch!

Der Kandidat / Die Kandidatin _____

geboren am _____ in _____

hat die **Lextra**-Prüfung mit Auszeichnung bestanden.

Der Kandidat / Die Kandidatin erhält hiermit das **Lextra**-Diplom der deutschen Sprache.

Unterschrift: _____

Datum: _____

lex:tra

KIEL
Schleswig-Holstein
Mecklenburg-Vorpommern
Hamburg
SCHWERIN
Bremen
Niedersachsen
Berlin
POTSDAM
Sachsen-Anhalt
HANNOVER
Brandenburg
MAGDEBURG
Nordrhein-Westfalen
Sachsen
ERFURT
DÜSSELDORF
DRESDEN
Thüringen
Hessen
WIESBADEN
Rheinland-Pfalz
MAINZ
Saarland
SAARBRÜCKEN
Bayern
STUTTGART
Baden-Würtemberg
MÜNCHEN

Jeden Tag ein bisschen ...
DEUTSCH

Deutschland

Offizieller Name:	Bundesrepublik Deutschland
Gründung:	23. Mai 1949 (Bundesrepublik Deutschland)
Nationalfeiertag:	3. Oktober (Tag der Deutschen Einheit)
Hauptstadt:	Berlin
Staatsform:	parlamentarische Bundesrepublik
Einwohnerzahl:	81 830 839 (Jahr: 2011)
Fläche:	357 121,41 km^2
Währung:	Euro
Amtssprache(n):	Deutsch

Minderheitensprachen: Dänisch, Jenisch, Niederdeutsch, Niederfränkisch, Nordfriesisch, Romani, Saterfriesisch, Sorbisch

Eingeteilt in 16 Bundesländer: Baden-Württemberg, Bayern, Berlin, Brandenburg, Bremen, Hamburg, Hessen, Mecklenburg-Vorpommern, Niedersachsen, Nordrhein-Westfalen, Rheinland-Pfalz, Saarland, Sachsen, Sachsen-Anhalt, Schleswig-Holstein, Thüringen

Trivia:

◆ Nach Frankreich verzeichnet Deutschland die meisten Drei-Sterne-Restaurants. Die führenden Gourmetstädte sind Berlin und Hamburg.

◆ Deutschland hat insgesamt neun Nachbarstaaten und ist damit das Land mit den meisten europäischen Nachbarstaaten.

◆ Mit 15 Prozent aktiven Skiläufern belegt Hamburg die Spitzenposition innerhalb des Rankings der 16 deutschen Bundesländer.

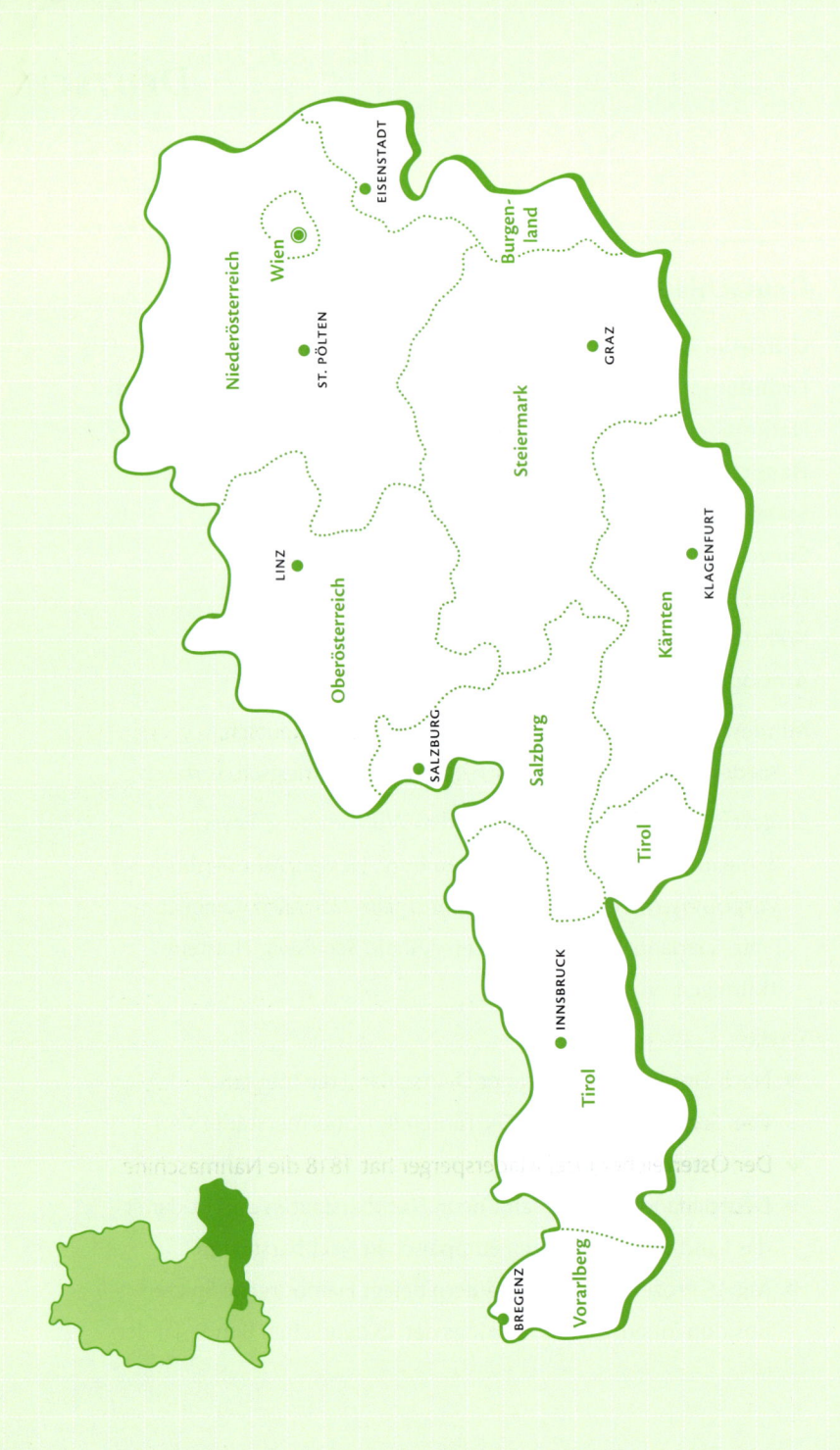

Niederösterreich

Wien

ST. PÖLTEN

EISENSTADT

Burgenland

Steiermark

GRAZ

LINZ

Oberösterreich

SALZBURG

Salzburg

Kärnten

KLAGENFURT

Tirol

INNSBRUCK

Tirol

BREGENZ

Vorarlberg

Jeden Tag ein bisschen ...
Deutsch

Österreich

Offizieller Name:	Republik Österreich
Gründung:	1945 (Zweite Republik, souverän ab 1955)
Nationalfeiertag:	26. Oktober (Beschluss des Neutralitätsgesetzes)
Hauptstadt:	Wien
Staatsform:	parlamentarische Bundesrepublik
Einwohnerzahl:	8 420 900 (Jahr: 2011)
Fläche:	83 878,99 km^2
Währung:	Euro
Amtssprache(n):	Deutsch

Minderheitensprachen (anerkannt): Burgenlandkroatisch, Jenisch, Romani, Slowakisch, Slowenisch, Tschechisch, Ungarisch, österreichische Gebärdensprache

Eingeteilt in 9 Bundesländer: Burgenland, Kärnten, Niederösterreich, Oberösterreich, Salzburg, Steiermark, Tirol, Vorarlberg, Wien

Trivia:

- 62% der österreichischen Landfläche ist von den österreichischen Alpen bedeckt.
- Die österreichische Flagge ist eine der ältesten Flaggen der Welt, von 1191.
- Der Österreicher Josef Madersperger hat 1818 die Nähmaschine erfunden.

CHUR

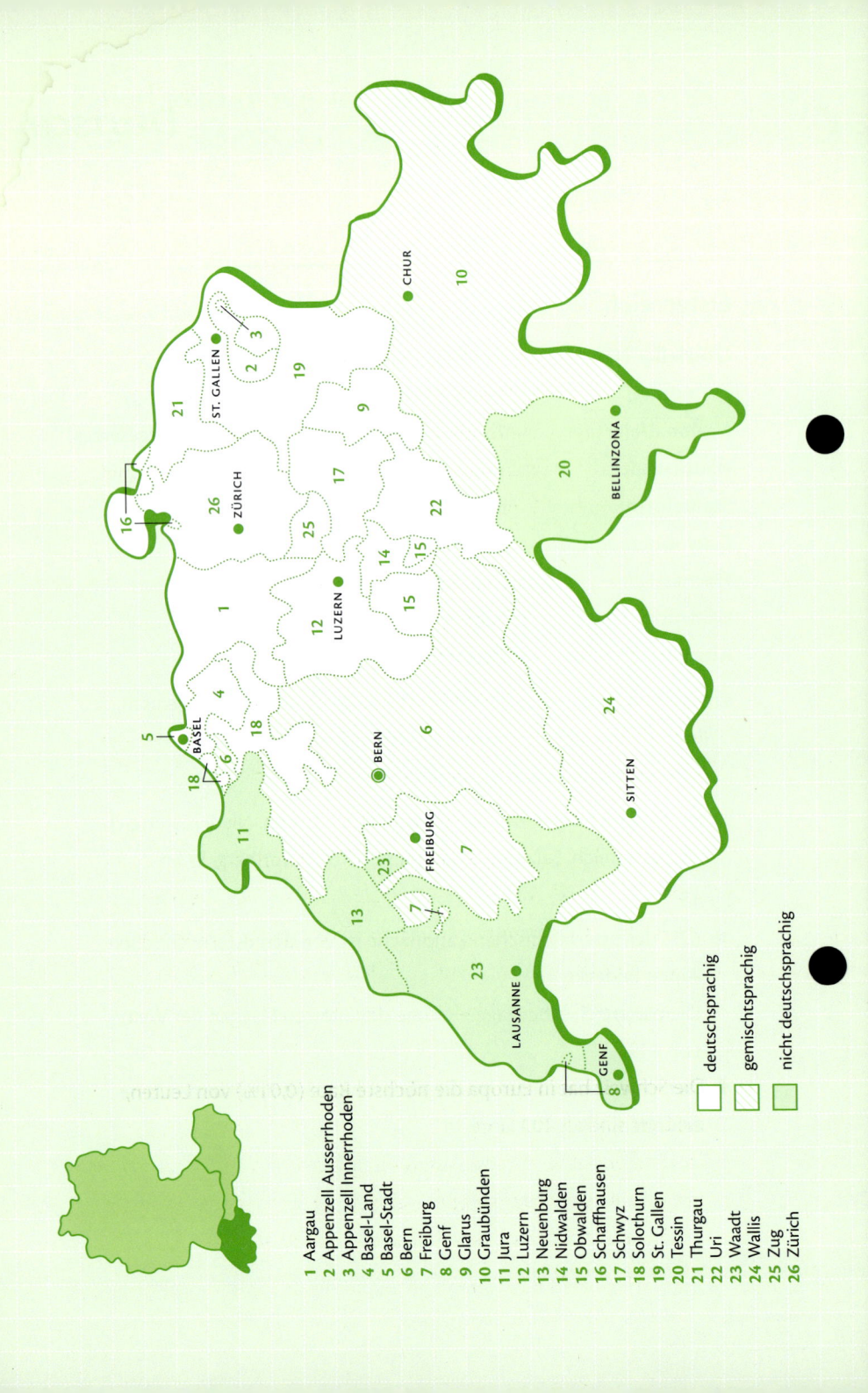

10

ST. GALLEN

2 3

21 19

26 ZÜRICH

9

17

25 22

14 15

12 LUZERN 15

20 BELLINZONA

1

4

18

6 BERN

24

SITTEN

11

23

7

13 7

23 LAUSANNE

8 GENF

deutschsprachig
gemischtsprachig
nicht deutschsprachig

1 Aargau
2 Appenzell Ausserrhoden
3 Appenzell Innerrhoden
4 Basel-Land
5 Basel-Stadt
6 Bern
7 Freiburg
8 Genf
9 Glarus
10 Graubünden
11 Jura
12 Luzern
13 Neuenburg
14 Nidwalden
15 Obwalden
16 Schaffhausen
17 Schwyz
18 Solothurn
19 St. Gallen
20 Tessin
21 Thurgau
22 Uri
23 Waadt
24 Wallis
25 Zug
26 Zürich

Jeden Tag ein bisschen ...
Deutsch

Schweiz

Offizieller Name: Schweizerische Eidgenossenschaft
Gründung: 1. August 1291 nach Legende als «Ewiger Bund» (Rütlischwur) / 12. September 1848 als moderner Bundesstaat in der heutigen Form
Nationalfeiertag: 1. August (Bundesfeiertag)
Hauptstadt: Bern (de facto), keine (de jure)
Staatsform: republikanischer Bundesstaat
Einwohnerzahl: 7 952 555 (Jahr: 2011)
Fläche: 41 300 km^2
Währung: Schweizer Franken
Amtssprache(n): Deutsch, Französisch, Italienisch, Rätoromanisch
Minderheitensprachen: Franko-Provenzalisch, Jenisch, Rätoromanisch, Romani

Eingeteilt in 26 Kantone: Aargau, Appenzell Außerrhoden, Appenzell Innerrhoden, Basel-Land, Basel-Stadt, Bern, Freiburg, Genf, Glarus, Graubünden, Jura, Luzern, Neuenburg, Nidwalden, Obwalden, Schaffhausen, Schwyz, Solothurn, St. Gallen, Tessin, Thurgau, Uri, Waadt, Wallis, Zug, Zürich

Trivia:
- Die Schweiz hat in Europa die höchste Rate (0,01%) von Leuten, die älter sind als 100 Jahre.
- Das Frauenwahlrecht und -stimmrecht wurde am 7. Februar 1971 in der Schweiz auf Bundesebene eingeführt.
- Marie Grossholz alias Madame Tussaud erfand 1802 das Wachsfigurenkabinett.

Notizen